Medienwissen kompakt

Reihe herausgegeben von
Klaus Beck, Greifswald, Deutschland
Gunter Reus, Hannover, Deutschland

Die Reihe Medienwissen kompakt greift aktuelle Fragen rund um Medien, Kommunikation, Journalismus und Öffentlichkeit auf und beleuchtet sie in eingängiger und knapper Form aus der Sicht der Publizistik- und Kommunikationswissenschaft. Die Bände richten sich an interessierte Laien ohne spezielle Fachkenntnisse sowie an Studierende anderer Sozial- und Geisteswissenschaften. Ausgewiesene Experten geben fundierte Antworten und stellen Befunde ihres Forschungsgebietes vor. Das Besondere daran ist: Sie tun es in einer Sprache, die leicht, lebendig und jedermann verständlich sein soll. Mit einer möglichst alltagsnahen Darstellung folgen Herausgeber und Autoren dem alten publizistischen Ideal, möglichst alle Leser zu erreichen. Deshalb verzichten wir auch auf einige Standards „akademischen" Schreibens und folgen stattdessen journalistischen Standards: In den Bänden dieser Reihe finden sich weder Fußnoten mit Anmerkungen noch detaillierte Quellenbelege bei Zitaten und Verweisen. Wie im Qualitätsjournalismus üblich, sind alle Zitate und Quellen selbstverständlich geprüft und können jederzeit nachgewiesen werden. Doch tauchen Belege mit Band- und Seitenangaben um der leichten Lesbarkeit willen nur in Ausnahmefällen im Text auf.

Weitere Bände in der Reihe http://www.springer.com/series/11553

Gunter Reus

Sprache in den Medien

Gunter Reus
Hochschule für Musik, Theater und
Medien Hannover
Hannover, Deutschland

ISSN 2625-1469 ISSN 2625-1477 (electronic)
Medienwissen kompakt
ISBN 978-3-658-00860-4 ISBN 978-3-658-00861-1 (eBook)
https://doi.org/10.1007/978-3-658-00861-1

Die Deutsche Nationalbibliothek verzeichnet diese Publikation in der Deutschen Nationalbibliografie; detaillierte bibliografische Daten sind im Internet über http://dnb.d-nb.de abrufbar.

© Springer Fachmedien Wiesbaden GmbH, ein Teil von Springer Nature 2020
Das Werk einschließlich aller seiner Teile ist urheberrechtlich geschützt. Jede Verwertung, die nicht ausdrücklich vom Urheberrechtsgesetz zugelassen ist, bedarf der vorherigen Zustimmung des Verlags. Das gilt insbesondere für Vervielfältigungen, Bearbeitungen, Übersetzungen, Mikroverfilmungen und die Einspeicherung und Verarbeitung in elektronischen Systemen.
Die Wiedergabe von allgemein beschreibenden Bezeichnungen, Marken, Unternehmensnamen etc. in diesem Werk bedeutet nicht, dass diese frei durch jedermann benutzt werden dürfen. Die Berechtigung zur Benutzung unterliegt, auch ohne gesonderten Hinweis hierzu, den Regeln des Markenrechts. Die Rechte des jeweiligen Zeicheninhabers sind zu beachten.
Der Verlag, die Autoren und die Herausgeber gehen davon aus, dass die Angaben und Informationen in diesem Werk zum Zeitpunkt der Veröffentlichung vollständig und korrekt sind. Weder der Verlag, noch die Autoren oder die Herausgeber übernehmen, ausdrücklich oder implizit, Gewähr für den Inhalt des Werkes, etwaige Fehler oder Äußerungen. Der Verlag bleibt im Hinblick auf geografische Zuordnungen und Gebietsbezeichnungen in veröffentlichten Karten und Institutionsadressen neutral.

Springer VS ist ein Imprint der eingetragenen Gesellschaft Springer Fachmedien Wiesbaden GmbH und ist ein Teil von Springer Nature.
Die Anschrift der Gesellschaft ist: Abraham-Lincoln-Str. 46, 65189 Wiesbaden, Germany

Inhalt

1. Einstieg: Sprachverfall oder Sprachwandel? | 1

2. Aufbau des Bandes | 11

3. Warum und wie verändert sich Sprache? | 15

4. Verständlichkeit und Demokratisierung:
Sprachleistungen des Journalismus | 29

5. Exklusiv und emotional: Sprache im Internet | 65

6. Kreativ und manipulativ:
Sprache in Werbung und Propaganda | 75

7. Fazit und Ausblick | 83

Zum Weiterlesen | 87

Glossar | 93

1. Einstieg: Sprachverfall oder Sprachwandel?

Der Vorwurf ist so alt wie das gedruckte Wort: Medien seien schuld an der Verarmung der Sprache. Sie trügen Verantwortung dafür, dass sich grammatische Fehler, stilistischer Unfug, Vulgarismen und Anglizismen ausbreiteten. Auf ihre Kappe gehe es, wenn Wortschatz und Rechtschreibkenntnisse junger Menschen dramatisch schrumpften. Doch weder die Diagnose vom Sprachverfall noch die Anschuldigung der Medien ist haltbar. Sprache verändert sich, aber sie verarmt keineswegs. Es waren und sind Medien, die der Gesellschaft den Reichtum sprachlicher Ausdrucksmöglichkeiten erschließen. Sie machen Sprache als Kulturleistung zugänglich, und sie machen die Welt mit Sprache verständlich – ein Gewinn, selbst um den Preis, dass Sprache in den Medien auch der Verbrämung, der Lüge und der Propaganda dienen kann.

»Emojis[*] grinsen uns die Sprache weg«, war 2017 auf der Kulturseite der Schweizer Radio- und Fernsehgesellschaft *SRF* zu lesen. Dahinter stand kein Fragezeichen. Dahinter stand mit Entschiedenheit ein Punkt. Da waren sie also wieder, die Feinde von Kultur und Sprache. Und grinsten auch noch: die Medien.

[*] Die wichtigsten Fachbegriffe in diesem Text werden im Glossar am Ende des Buches erläutert.

© Der/die Autor(en), exklusiv lizenziert durch
Springer Fachmedien Wiesbaden GmbH, ein Teil von Springer Nature 2020
G. Reus, *Sprache in den Medien*, Medienwissen kompakt,
https://doi.org/10.1007/978-3-658-00861-1_1

Einstieg: Sprachverfall oder Sprachwandel?

In diesem Fall unkten sogar Medien über Medien. Der Rundfunk setzte den Parvenü Internet und seine Zeichenwelt auf die Anklagebank. Ähnlich schrieb der gelernte Zeitungsjournalist und Sprachkritiker Wolf Schneider 2012 in einer »Stilkunde«-Beilage für die ZEIT, mit der Netz-Kommunikation sei das große fehlerbehaftete Geschwätz in die Schriftsprache eingedrungen und ziehe sie in ungeahnte Tiefen. Diese Angst teilen viele. Einer *forsa*-Umfrage aus dem Jahr 2018 zufolge vermuten acht von zehn Deutschen einen eher oder sehr negativen Einfluss der digitalen Kommunikation auf die Schriftsprache.

Doch die Inkriminierung der digitalen Medien ist nur der vorläufige Schlusspunkt einer langen medienkritischen Traditionslinie. Schauen die »alten« Medien heute gern auf das Internet herab, so galt die Schelte jahrhundertelang ihnen selber. Seit es Zeitungen gibt, schlug ihnen aus der Welt der Bücher und der hohen Gelehrsamkeit Misstrauen und Verachtung entgegen – oft angetrieben von sehr schlichten Vorstellungen, wie sich Medieninhalte auf Menschen übertragen. So schimpfte der Memminger Arzt und Dichter Christoph Schorer schon 1643, die Zeitungsschreiber seien »unartig teutsche Sprachverderber« wegen ihres Gebrauchs lateinischer und französischer Vokabeln. Damals gab es wöchentliche Avisen und Postzeitungen in Deutschland gerade erst ein paar Jahrzehnte, Tageszeitungen aber noch gar nicht, und man fragt sich verwundert, wann wohl »die« deutsche Sprache zuvor rein und unverdorben gewesen sein mag – in einer Zeit, da der deutsche Sprachraum ein Flickenteppich von Dialekten ohne orthographische Normen war und die meisten Menschen weder lesen noch schreiben konnten.

Gleichwohl zieht sich der Vorwurf des medialen Sprachverderbs durch die Pressegeschichte. Der Lehrer und Bibliothekar Johann Christoph Adelung am Ausgang des 18. Jahrhunderts zum Beispiel, später die Philosophen Arthur

Schopenhauer und Friedrich Nietzsche beschworen besonders lautstark Verderb und Niedergang, wobei ihnen nun die Sprache der deutschen Klassik als bedrohtes Biotop oder verlorengegangenes Paradies galt. Schopenhauer, ein erbitterter Feind der Revolution von 1848, die immerhin zum ersten Mal in Deutschland Pressefreiheit brachte, machte »Sudler und Zeitungsschreiber« für »Sprachverhunzungen« verantwortlich. Nietzsche sprach vom »Wort-Spüllicht« und »Schweinedeutsch« der Presse. Diese Haltungen, schrieb Dietrich Fischer in einer kommunikationshistorischen Analyse zu Recht, gründeten letztlich in einem elitären und antidemokratischen Affekt der beiden Denker. Sie richteten sich gegen das Potential der Massenmedien, am einsamen Genius vorbei auf neue und wirksame Art Öffentlichkeit herzustellen.

Wie heute der geschäftstüchtige Autor und Genitiv-Retter Sebastian Sick sammelten und geißelten im weiteren Verlauf des 19. Jahrhunderts zahlreiche Autoren die »Sprachdummheiten« und »Verwilderungen«, die grammatischen Fehler und Stilblüten der Journaille, jener als kulturferne Emporkömmlinge geschmähten Tagelöhner im Dienste des Augenblicks. Am ärgsten in seinem Hass auf Journalisten, seiner Verachtung der Alltagspublizistik und seiner schriftstellerischen Selbststilisierung trieb es (obwohl selbst Journalist) nach der Jahrhundertwende der Wiener Karl Kraus. Die Menschen verstünden eben kein Deutsch mehr, rief er von einsamer Höhe in die Niederungen des Profanen herab, »und auf journalistisch kann ichs ihnen nicht sagen«. Er sagte es dann doch, und zwar sehr profan, so 1929 in dem Aufsatz *Schöne Aussichten*: »Was öffentlich gesagt wird, ist nur mehr gelallt, gekotzt, ausgeworfen aus Mäulern, die rätselhafter Weise die Bestimmung haben, täglich zum Volk zu reden.«

Die Traditionslinie riss auch nach Kraus nicht ab. Bis heute werden sprachliche Äußerungen in Massenmedien von allen Seiten argwöhnisch beäugt – auch von Autoren, die Notwendigkeit und demokratische Funktion der Medien selbstverständlich befürworten, wie etwa Hans Magnus Enzensberger in seiner Kritik an der *Spiegel*-Sprache. Weniger giftig als Karl Kraus, aber inhaltlich ähnlich äußerte sich der österreichische Schriftsteller Gerhard Roth 1987 in der *Zeit* unter der Überschrift »Das allmähliche Verstummen der Sprache«. Öffentliche Rede, so klagte er, habe »durch die Medien ihre Würde und Unabhängigkeit verloren«; »Mediensprache« operiere mit »trickhaften Floskeln«, sie sei »niemandes Organ«, sondern nur noch »Leere«.

Auch die Wissenschaft, selbst die von der Kommunikation, ist bis heute auf Distinktion bedacht. Wenn in Gutachten oder Fachrezensionen zu lesen ist, ein akademisches Werk sei zu »journalistisch« geraten, dann ist das auch als Kritik an fehlender sprachlicher Präzision, an Oberflächlichkeit, stilistischer Flatterhaftigkeit und Ernsthaftigkeit zu verstehen.

Und stimmt es nicht? Gibt es sie nicht, die reißerischen Schlagzeilen, unangemessenen Formulierungen, die falschen Bezüge und verbauten Satzgefüge, die grammatischen Schnitzer oder unverständlichen Begriffe? Ja, es gibt sie (auch), und Unmut darüber kommt in uns allen auf, wenn wir sie entdecken. Er äußert sich in Kommentaren der Sozialen Medien oder in Leserbriefspalten. Das ist auch gut so, denn dieser Unmut steht für Wachsamkeit und Sprachempfinden.

Gute Sprache, keine Frage, ist innerhalb ihres jeweiligen Normengefüges korrekte und angemessene Sprache. Aber Sprache in den Medien, stets unter Zeitdruck hervorgebracht, ist zwangsläufig anfällig für Fehler und Unvollkommenheiten. Eine Gefährdung des Sprachbestandes insgesamt bedeutet dies keineswegs – der ist weit robuster und vitaler, als die meisten von uns vermuten. Linguistische Untersuchungen haben bislang keinerlei Nachweis für das erbracht, was (siehe oben) acht von zehn Deutschen befürchten: nämlich dass sich unser sprachliches Ausdrucksvermögen oder das unserer Kinder zum Beispiel durch das Vordringen digitaler Medien verschlechtere.

Massenmedien vermögen sprachliche Entwicklungen zu beschleunigen, aber sie führen sie in aller Regel nicht selbst herbei. Sie können hingegen, schreibt der Linguist Ulrich Schmitz, den Horizont des Menschen in zuvor unbekannte Bereiche ausdehnen und so seinen Umgang mit Sprache erweitern, steuern und differenzieren. Ohne sie würden sich also auch Innovationen in Stil oder Wortschatz nicht durchsetzen, die für den Wandel und damit den Erhalt einer Sprache unerlässlich sind. Denn nur was sich wandelt, bleibt bekanntlich bestehen.

Information und Kulturleistung

Von »einer« oder »der« Sprache sollte man aber gar nicht sprechen. Natürliche Sprachen sind keine geschlossenen Körper, die durch Eingriff von außen, durch »Missbrauch« oder Fehler so einfach zu zerstören sind. Sie bestehen vielmehr aus diversen Einzelsystemen (zum Beispiel Dialekten oder Fachsprachen), die ihre eigene Funktionalität, Angemessenheit und sogar eigene grammatische Normen haben. In der Mundart meiner saarländischen Heimat lautet das Partizip Perfekt von *bringen* nicht »gebracht«, sondern »gebrung« – also *gebrungen*, in Analogie zu *singen-gesungen* oder *klingen-geklungen*. Und man hat nicht »gedacht«, sondern »gedenkt«, so wie man ja auch sein rostiges Fahrrad zum Fluss gelenkt und dort versenkt hat. Das ist weder Verwilderung noch Sprachdummheit – es ist die grammatische Logik eines Dialekts, eine Konvention, die aber nur hier gilt und nicht in anderen Dialekten oder Varietäten wie der Jugend-, der Literatur- oder der Fachsprache. Sie alle folgen eigenen Normen.

Ebenso lebt »die« Sprache von und mit unterschiedlichen stilistischen Ausdrucksebenen, die sich ständig wandeln und verschieben. Ein Wort wie *hurtig* verstehen wir noch. Aber es klänge im aktiven Sprachgebrauch (außer in Märchentexten) heute albern oder ironisch. Eine Frau *Weib* zu nennen, wie es Goethe in seinen *Römischen Elegien* tun konnte, empfinden wir heute als grob und ungehörig. Die Frauenbewegung hat hingegen das Wort wieder aufgenommen und für sich ins Positive gewendet (vgl. *Weiberrat, Weiberfest*). Wortschatz und Wortsemantik sind also ständig in Bewegung. Begriffe, die etwas bezeichnen, was aus dem Alltag verschwunden ist, verschwinden auch aus dem Sprachbestand (zum Beispiel *Felleisen* für einen ledernen Reisesack – auch das dürfte Goethe benutzt haben), während zehn neue und kreative Begriffe für zeitgemäße Objekte nachrücken. Noch nie war der Wortbestand des Deutschen so groß wie heute. Verfall der Sprache? Wie viele Leserinnen und Leser dieses Buches vermissen das Wort Felleisen wirklich in unserem Sprachbestand?

Sprache ist nie vollkommen, »rein« und unveränderlich. Sie ist gesellschaftliche Konvention, variabel je nach Anlass, Sprachraum und Situation. Sie ist soziales Handeln und zweckgesteuert, mal elegant, mal poetisch, mal sachlich, mal trivial, mal vulgär. Formen, die ihren Zweck nicht mehr erfüllen, sterben ab; andere, in denen sich die Zeit besser mitteilen kann, treten an ihre Stelle. Für diesen kommunikativen Prozess, für die Funktionalität und Intentionalität sprachlicher Formen interessiert sich die Kommunikationswissenschaft. Und darum geht es in diesem Buch, weniger dagegen um »Strukturbeschreibungen«, für die vorrangig die Linguistik zuständig ist.

Unser Augenmerk gilt dabei insbesondere der Funktionalität, dem Zweck und den Leistungen von *Sprache in den Medien*. So heißt dieses Buch auch. Es heißt nicht »Mediensprache«. Denn Medien bringen kein eigenes sprachliches Subsystem hervor. Sie nehmen vielmehr alle Existenzformen, aus denen natürliche Sprachen bestehen, in sich auf, nutzen sie für ihren Zweck der Alltagsverständigung und spiegeln sie in die Gesellschaft zurück. Wie es die eine geschlossene

Sprache nicht gibt, gibt es also auch keine »Mediensprache« und kein »Journalistisch« – der Kommentar einer Influencerin hat in seinen Ausdrucksformen wenig mit dem Blog eines Konzertpianisten oder einem Meinungsbeitrag in der ARD gemein; die Sprache auf der Wissenschaftsseite der *Frankfurter Allgemeinen Zeitung* klingt völlig anders als die Dialekt-Moderation eines bayrischen Lokalsenders.

Welche sprachlichen Leistungen die Medien auf unterschiedlichen Ebenen und in der Bandbreite ihrer Darstellungsformen für die Alltagsverständigung in der Gesellschaft erbringen, darauf richten wir im Folgenden unser Augenmerk. Dabei gilt: Ihr Hauptzweck ist Information, nicht Sprachpflege. Sie dienen der Selbstverständigung einer Gesellschaft. Sie wollen Zeitgeschehen in seiner Komplexität für jedermann verständlich machen. Deshalb muss ihr oberstes Gebot darin bestehen, selbst verständlich und sprachlich zugänglich zu sein. Auch das wusste man, aller frühen Medienkritik zum Trotz, schon vor Jahrhunderten. So mahnte Caspar von Stieler 1695 in der Schrift *Zeitungs Lust und Nutz* anders als der barocke Sprachpfleger Christoph Schorer seine Zeitgenossen, das neue Medium sei nicht dazu da, »daß man daraus die Wolredenheit erlerne, sondern allein wisse, was vor Händel in der Welt getrieben werden«. Information und Verständlichkeit als Kulturleistung – darum wird es in diesem Buch gehen.

Ganz ohne »Wolredenheit« kann aber Verständlichkeit nicht gelingen, das zeigen Ergebnisse der Kommunikationswissenschaft auch. Ob wir etwas verstehen, hat unter anderem damit zu tun, wie ästhetisch angenehm es uns berührt. Sprache ist in den Medien nicht nur ein »intertextueller Fluss«, wie Linguisten sagen, also ein ununterbrochenes Fließen und Anschließen an vorangegangene Information ohne erkennbare Autorenschaft und Ursprungsquelle. Sie ist auch das Werk Einzelner, individuell formbar und im Idealfall gut geformt. Das Sprachgebilde einer Reisereportage, einer Buchkritik oder eines Kommentars im Netz kann genauso wie ein hintergründiger und cleverer Werbetext durchaus als Kulturleistung gelten, die über den bloßen Informationstransfer ins Literarische hineinragt – auch daran werden wir in diesem Buch erinnern.

Mit Information und den ihr angemessenen Sprachebenen trugen und tragen die Massenmedien von Anbeginn an erheblich zum gesellschaftlichen Zusammenhalt, zu Partizipation und Emanzipation der Menschen bei. Bemühung um bessere Sprache sei Bemühung um demokratische Verhältnisse, schrieb der Journalist und Autor Ernst Alexander Rauter zu Recht. Wobei »besser« im Internetzeitalter auch heißen kann: frei von Förmlichkeiten und Zwängen, familiärer, ungezwungen, offen. Insofern kann auch der Kommunikationsstil von Bloggerinnen oder Influencern, selbst da, wo er gelegentlich von hochsprachlichen Normen abweicht, zumindest für eine Teilöffentlichkeit positive Funktionen erfüllen. Auch Sprecherinnen und Sprecher im Netz greifen ja nur vorhandene Ausdrucksweisen auf und geben sie medial zurück.

Allerdings können wir nicht umhin zu erkennen, dass Information und Desinformation, dass Vermittlung und Verbrämung, dass Wissen und exklusiver Wissensjargon gefährlich nah beieinander liegen. Menschen können mit Sprache zusammenfinden, sie pragmatisch nutzen, um ihre Ziele und ihr Zusammenleben zu koordinieren und zu synchronisieren. Aber Menschen können – getrieben von Eigeninteressen, von Egoismen und Machtstreben – einander mit Sprache auch überrumpeln, verführen und betrügen. Sprache in den Medien kann diesem Zweck ebenfalls dienen, im Journalismus nicht weniger als in der Werbung. Sprache in den Medien kann Teilgruppen der Gesellschaft bewusst vom Verständnis ausschließen, durch Terminologie, durch Verkürzung und Verschlüsselung.

Sprache ist nicht per se gut oder schlecht. Sie ist so gut oder schlecht, wie Menschen sie im Umgang miteinander gebrauchen. Sie entwickelt sich nicht von allein, auch nicht in den Medien. *Wir* entwickeln sie – und Medien spiegeln diese Entwicklung zurück, Tag für Tag.

2. Aufbau des Bandes

In diesem Buch geht es um kommunikative Funktionen und Leistungen, die Sprache in den Medien für die Gesellschaft erbringt. Und es geht um Sprachentwicklungen, die – aus der Gesellschaft kommend – in den Medien ablesbar und unter Umständen prozessual verstärkt werden. Grundsätzliches wird dabei im Vordergrund stehen, und Erkenntnisse der Sprachwissenschaft sind vielfach einzubeziehen. Detaillierte Textanalysen von Interviewsequenzen, Nachrichtensendungen, Twitterbotschaften oder Chat-Dialogen, wie sie die medienlinguistische Forschung liefert, sind von unserer Darstellung nicht zu erwarten. Auch das weite Feld der Bildsprache in Fotografie und Film bleibt unberücksichtigt.

Im anschließenden *dritten Kapitel* verfolgen wir die Frage weiter, warum sich »Sprache« permanent verändert – genauer: warum wir als Sprecherinnen und Sprecher ihre Möglichkeiten und Ausdrucksformen ununterbrochen verändern und erweitern. Gesellschaftlicher Wandel und das Prinzip der Ökonomie spielen dabei eine besondere Rolle. Beispiele sollen verdeutlichen, was Veränderungen für Lexik und Syntax bedeuten und was die Medien damit zu tun haben. Das System der unterschiedlichen »Varietäten« wird erklärt, um zu zeigen, wie Medien für Vielfalt und Austausch sorgen.

Kapitel vier wendet sich speziell dem Journalismus zu. Zu klären ist zunächst, was guten Journalismus ausmacht und welche Dienstleistung er für die offene Gesellschaft und die Demokratie erbringt. Voraussetzung für diese Dienstleistung ist Verständlichkeit als journalistische Qualität. Wann sind Medientexte verständlich? Was weiß die Kommunikationswissenschaft darüber, wie sich Sprache so gestalten lässt, dass sie Menschen besser und nachhaltiger erreicht? Ein Überblick über journalistische Darstellungsformen wie Meldung, Reportage und Interview wird zeigen, wie unterschiedlich Medien das Weltgeschehen einfangen und wie sie Sprache als Kulturleistung entfalten können. Diesem Ziel dient auch ein Blick auf die Sprachgewohnheiten in journalistischen Ressorts wie Sport, Wirtschaft oder Feuilleton und in einzelnen Medien.

Sind wir dabei, im Internet Sprache von Grund auf zu revolutionieren? Ist die Vermengung von Schriftlichkeit und Mündlichkeit im Netz gefährlich für den Sprachbestand, zerstört sie die Einsicht in die Notwendigkeit schriftsprachlicher Normen? Werden der heranwachsenden Generation orthografische Regeln gleichgültig? Entfernen sich die Formen des »Netspeak« mit seinem Jargon, seiner Flut von Anglizismen und kryptischen Abkürzungen so weit von gewohnten Ausdrucksmitteln dass die Verständigung aller mit allen eher behindert als befördert wird? Oder bringt die Netzwelt im Gegenteil eine völlig neue sprachliche Qualität von ungeahntem kommunikativem Nutzen hervor? Um solche Fragen geht es im *fünften Kapitel*. Dabei wird auch diskutiert, ob das neue ikonografische Zeichensystem der Emojis unsere sprachlichen Ausdrucksmöglichkeiten ernsthaft erweitert oder ob es sie in bunten Banalitäten verkümmern lässt. Schließlich werden wir auf Hate Speech eingehen müssen – ein Phänomen, das zwar eher politisch und soziologisch zu deuten ist, beim

Thema »Sprache im Internet« gleichwohl nicht übergangen werden kann.

Dass Interessengruppen seit jeher versuchen, Menschen mit Sprache zu beeinflussen, sie zu manipulieren oder ihnen gar zu schaden und dabei eigene Absichten zu verschleiern, führt uns zum letzten und *sechsten Kapitel*. Wie sind Euphemismen, wie ist Werbesprache unter dem Gesichtspunkt der Sprachentwicklung einzuschätzen? Zeigt sie nur das Gesicht eines skrupellosen Verführers, oder bereichert sie uns auch? Nachricht und Meinung sollten eigentlich getrennt bleiben. Aber Medien sind anfällig für Versuche, in Information auch Wertung und Intention einsickern zu lassen oder laut und gezielt einzuschleusen. Stets waren sie eine Waffe der Aufklärung ebenso wie eine Waffe der Propaganda aller Art – ein Grund mehr, das Bewusstsein um die Bedeutung von Sprache in den Medien wachzuhalten.

Diese Gedanken stehen am Ende des Buches, das ein Ausblick, ein Glossar und Literaturempfehlungen abrunden.

3. Warum und wie verändert sich Sprache?

Eine »Mediensprache« gibt es nicht. Massenmedien nehmen die verschiedensten sozialen, regionalen und stilistischen Ausprägungen von Sprache auf und führen sie in die Gesellschaft zurück. Was wie ein Wandel erscheint, den die Medien verursachen, ist in Wahrheit ein Sprachwandel, der in der Gesellschaft selbst dauerhaft vor sich geht. Medien erfüllen dabei eine Brückenfunktion zwischen Standard- oder Hochsprache und den anderen »Varietäten« des Deutschen. Unter deren Einfluss strebt die Standardsprache in einer gegenläufigen Entwicklung zu mehr Kürze und Leichtigkeit einerseits und zu mehr Komplexität andererseits. Vor allem umgangssprachliche Formen und fachsprachliche Begriffe sind auf dem Vormarsch.

Menschen sind in vielfacher Hinsicht konservativ. Was wir einmal erworben haben an Gütern, Lebensstandard, Genuss- oder Umgangsformen, möchten wir am liebsten für immer behalten. Was wir einmal verstanden und gelernt haben an Wissen oder Kulturtechniken, das unterwerfen wir ungern einer Revision. Deshalb ist für viele, vor allem wenn sie älter werden und ihr Wissen sich zu entwerten droht, »früher alles besser« gewesen. Aber auch junge Menschen empfinden das Tempo des technologischen Wandels, den Umgang mit immer neuen Geräten, Prozessen oder Computerprogrammen schon als belastend.

Gleichwohl fällt den Jüngeren die Anpassung leichter, und selbst die Älteren integrieren Änderungen und Neuerungen irgendwann in ihren Alltag, auch wenn sich Denken und Fühlen dem noch eine Weile widersetzen mögen. Das gilt vor allem für die Sprache. Der *forsa*-Umfrage zufolge, die wir bereits zitiert haben, nutzen Menschen im Alter zwischen 14 und 60 Jahren für bestimmte Internet-Aktivitäten in der Regel englische Begriffe statt durchaus vorhandener deutscher Entsprechungen. Sie passen sich an und sprechen zum Beispiel selbst in der höchsten Altersgruppe deutlicher öfter von »Updates« als von »Aktualisierungen«. Zugleich stößt sich aber fast die Hälfte der Befragten daran, dass durch die digitale Kommunikation im normalen Sprachgebrauch Anglizismen um sich griffen.

Wir alle passen uns dem Sprachfluss der Zeit an. Und so stöhnen wir über den »Sprachverfall« – und sagen doch selbst irgendwann auch »gestresst« und »Burn-out«, wenn wir eigentlich nichts anderes meinen als »erschöpft« und »Erschöpfungszustand«. Wir sagen »Agenda« statt »Tagesordnung«, weil es die Manager im Betrieb auch tun und es irgendwie modern und weltläufig klingt. Wir sagen zur Chefin aber auch »Alles klar, tschüssi« am Telefon statt »Auf Wiederhören« und setzen unter unsere E-Mails das flotte »MfG«, statt 18 weitere Buchstaben an »Mit freundlichen Grüßen« zu verschwenden. Denn wir alle sind Teil einer sozialen Gemeinschaft, lassen uns von ihr treiben und treiben uns gegenseitig an. Wir verändern Sprache durch soziale Praxis – und in aller Regel ist uns das von Nutzen. Sprachverfall bleibt eine Behauptung, die keiner Analyse standhält. Selbst aufmerksame und kundige Beobachter der Sprache in Massenmedien belegen ihre Kritik nie diachron, also über längere Zeiträume hinweg empirisch vergleichend, wenn sie Verkümmerung, Verarmung im Ausdruck oder Ähnliches zu erkennen meinen.

Wenn man die Lust am Schreiben oder zumindest die Häufigkeit des Schreibens als Indikator für intakte Kommunikation begreift, dann muss man sich wahrhaftig keine Sorgen machen. Durch die Nutzung neuer Medien schreiben junge Menschen heute in ihrer Freizeit nachweislich sehr viel mehr als früher. In einer Züricher Studie aus den Jahren 2006 bis 2010 mit Tausenden Schülertexten und einer Begleitbefragung von Lehrern waren Pädagogen zwar (subjektiv) der Ansicht, der Wortschatz der Jugendlichen sei eingeschränkter und Syntax, Textaufbau und Orthographie hätten in den zurückliegenden zehn Jahren nachgelassen. Zugleich sagten sie in Interviews aber auch, die Texte der Schülerinnen und Schüler erschienen ihnen heute ungehemmter, spontaner, kreativer, lebendiger und phantasievoller als früher. Ein Einfluss der Medien sei dabei deutlich spürbar. In ihrer Gesamteinschätzung der sprachlichen Entwicklung blieben die Lehrerinnen und Lehrer entsprechend zurückhaltend und zogen sich nicht einfach nur in Pessimismus zurück.

Dass zumindest ein Teil der Lehrpersonen die Wirkung der Medien deutlich positiv sah, mag überraschen. Tatsächlich kann man aber nicht umhin anzuerkennen, dass Medien im Laufe der Geschichte immer wieder positiv auf die Sprachentwicklung einwirkten. Sie haben massiv dazu beigetragen, dass Verständigung innerhalb der Gesellschaft leichter und besser wurde und dass Sprache durch sie an Vielfalt und Nuancenreichtum hinzugewonnen hat. Zumindest hält der lexikalische Bestand des Deutschen heute den Gebrauch von abertausenden Nuancen bereit – mehr als je einer Generation zuvor zur Verfügung standen. Der *Duden* verzeichnet aktuell rund 150 000 Stichwörter, rund fünfmal so viele, wie Konrad Duden 1880 in seine erste Ausgabe des Wörterbuches aufnehmen konnte. Und unterbrochen kommen Tausende von neuen Begriffen, Wortzusammensetzungen und Abkürzungen aus Standard- und Umgangssprache, aus Gruppen-, Fach- und Sondersprachen hinzu. Die *Duden*-Redaktion entnimmt sie vor allem aus Texten, die in den Medien zirkulieren.

Massenmedien sorgen aber nicht nur dafür, neue Wörter

aus der Gesellschaft aufzugreifen und in hohem Tempo zu verbreiten. Sie nehmen gleichermaßen stilistische Veränderungen und Moden im Sprachgebrauch auf. Dazu gehören selbstverständlich auch Marotten, Klischees, Floskeln und tausendfach Nachgesprochenes. Das kann man kritisieren, es kann Überdruss bereiten und langweilen. Niemand muss das auch für sich übernehmen; jeder darf, ja sollte sich um Alternativen bemühen, die farbiger, ansprechender, expressiver sind. Auch dafür halten die Medien ja genug Anschauungs- und Baumaterial bereit. Wer die Medien aber permanent für Sprachfloskeln oder Nachgeplappertes zur Verantwortung ziehen will, sollte sich zunächst überlegen, wie diese Formen in die Medien hineingelangen, wie oft sie oder er selbst tagtäglich in Floskeln spricht, wie oft sie oder er »am Ende des Tages« aus »dem Nähkästchen plaudert« oder »aus allen Wolken fällt«, von der »schweigenden Mehrheit« und von »gähnender Leere« spricht – und was daran in der Alltagskommunikation eigentlich so schlecht ist. Floskeln verdienen keinen Literaturpreis, aber sie organisieren immerhin *auch* unsere Verständigung, sie sorgen für Wiedererkennen, kognitives Einvernehmen und Vertrautheit.

Historisch gesehen haben Massenmedien Verständigung in der Gesellschaft über Jahrhunderte erhöht, ja überhaupt erst herbeigeführt. Ohne Flugschriften und Zeitungen, ohne Bücher und Zeitschriften hätte es in Deutschland keine Homogenisierung zur deutschen Standardsprache gegeben, könnten sich Friesen und Bayern, Sachsen und Pfälzer bis heute nur mühsam austauschen. Man unterschätze dabei vor allem die Reichweite von Zeitungen nicht. Auch wer nicht schreiben konnte, wurde über sie an die Schriftsprache herangeführt. In Gaststätten oder Dorfgemeinschaftshäusern ausgelegt und vom Lehrer oder Pfarrer wissbegierigen Bauern oder Handwerkern vorgelesen, gelangten schon die frühen »Avisen« und »Couriere« zu mehr Menschen, als wir glauben. Dem Kommunikationswissenschaftler Rudolf Stöber zufolge erreichten Zeitungen im 17. Jahrhundert vermutlich schon ein Viertel der Bevölkerung. Im 18. Jahrhundert dürfte es bereits die Hälfte der erwachsenen Deutschen gewesen sein, die aus gedruckten Nachrichten, zuhörend oder selbst lesend, Neues erfuhren und so die Vorzüge der Schriftsprache zu schätzen lernten. Parallel dazu schritt die Alphabetisierung der Bevölkerung immer weiter voran – ein Fortschritt, der ohne Massenmedien undenkbar gewesen wäre.

Innere Mehrsprachigkeit des Deutschen

Wenn wir von Hoch- oder Standardsprache reden, dann ist damit keine höherwertige Sprache gemeint, sondern eine Ausdrucksebene, auf die sich die Gesellschaft als »Verkehrsmittel« für alle, als Standard, verständigt hat, um Unterschiede überregional auszugleichen und Kommunikation in allen Lebensbereichen zu erleichtern. Sie steht aber nicht »hoch« über, sondern neben den anderen »Varietäten« der Sprache. Als Varietäten bezeichnen Linguisten sprachliche Subsysteme, die sich aufgrund sozialer, situativer oder räumlicher Bedingungen voneinander abheben. Jeder von uns bewegt sich Tag für Tag durch diese unterschiedlichen Sprach-Räume: Wir hören beim Frühstück im Radio Nachrichten in Standardsprache und sprechen zugleich mit Partnerin oder Partner im Dialekt. Wir folgen danach in der Universität dem Wissenschaftsdeutsch einer Vorlesung oder führen im Betrieb mit Arbeitskollegen ein Fachgespräch, um uns in der Mittagspause im Popjargon auf dem Smartphone über Musik auszutauschen. Mit dem Arzt beim Untersuchungstermin am Nachmittag sprechen wir anders als mit unseren Kindern beim Schmusen vor dem Schlafengehen. Und das hört sich wiederum anders an als die Sprache der Fußballübertragung oder der Casting-Show, in die wir am Abend vor dem Fernsehgerät eintauchen.

Der Linguist Helmut Henne sprach von der »inneren Mehrsprachigkeit des Deutschen« und hat sie in einem Modell mit konzentrischen, durchlässigen Kreisen dargestellt. Im Zentrum aller Varietäten steht die *Standardsprache.* Sie regelt weitgehend unabhängig von räumlichen oder situativen Gegebenheiten den alltäglichen Austausch miteinander, den Umgang mit Behörden und anderen Institutionen. Sie ist Grundlage für den Schriftverkehr, für Ausbildung und Wissensvermittlung, für Nachrichten in Massenmedien oder für Autorinnen und Autoren von Büchern. Die Standardsprache ist normativ am strengsten geregelt, sie ist Unterrichtsgegenstand und Unterrichtsgrundlage in allen Schulen.

Um diesen Kern in Hennes Modell herum liegen in Ringen angeordnet die anderen Varietäten: Die *Mundarten,* die mit ihrer Klangfärbung, mit eigenem, oft deftigem Wortschatz und zum Teil eigener Grammatik (siehe oben: »gebrung«) auf mitunter eng begrenztem Raum für Nähe, Identität und auch für die Abgrenzung der Sprecher von anderen Regionen sorgen. Eine ähnliche Funktion erfüllen die *Gruppensprachen* mit ihrem Jargon (zum Beispiel in diversen Jugend- und Musikszenen). Einen hohen Bestand an lexikalischen Eigenheiten und fremdsprachlichen Anteilen weisen die *Fachsprachen* auf, zum Beispiel in Verwaltung und Rechtsprechung, in Sport oder Technik, Medizin und Wissenschaft. Gerade hier weitet sich der Wortbestand rasant. Sprache in der Wissenschaft, die immer mehr an Bedeutung gewinnt, ist überdies gekennzeichnet durch eine schwerfällige Syntax, durch viele Attribute, die der Präzisierung, und Passivkonstruktionen, die der Entpersönlichung des Forschungs- und Erkenntnisprozesses dienen sollen. *Literatursprache* liegt in Hennes Kreismodell der Standardsprache am nächsten – sie weicht von ihr weniger durch den Wortschatz ab als durch die ungewöhnliche Kombination von Wörtern (»stechend süße Blüten«) bzw. ihre Verdichtung zu Bildern. Die wohl größte Varietät bilden schließlich die *Umgangssprachen.* Sie sind nicht passivisch, sondern aktivisch geprägt. In ihnen lockert sich das starre normative Gefüge der Standardsprache für den Alltagsgebrauch auf. Umgangssprachen schleifen Laute leger ab, verkürzen Wörter, ziehen sie zusammen (»willste«) und bedienen sich zwangloser Formen- und Wortalternativen (»Glotze«, »pinkeln«).

Henne führt zwar auch *Mediensprache* in seinem Modell auf, allerdings erhält sie keinen eigenen Ring als Varietät, sondern schmiegt sich an den Rand zwischen Standardsprache und die anderen Varietäten: Während diese ständig auf die Standardsprache einwirken, könnte man Sprache in den Medien also als eine Art Brücken- oder Trägermedium für diesen Wirkungsprozess begreifen.

Hennes Modell hilft zu verstehen, warum sich Sprache wandelt. Hinter den sprachlichen Erscheinungsformen der Varietäten stehen ja erkennbar gesellschaftliche Milieus. Da diese sich fortwährend verändern, verändert sich auch unsere Kommunikation. Die Urbanisierung mit neuen Wohn-, Bildungs- und Arbeitsverhältnissen drängt die Bedeutung von Mundarten immer weiter zurück. Sie sind außerhalb des heimatlichen Raumes nicht mehr hilfreich, in vielen Berufen sogar hinderlich. In den Massenmedien spielen sie deshalb auch keine besondere Rolle, selbst wenn sich im Rundfunk hier und da Versuche finden, den Dialekt als Identitätsmerkmal einer Region wieder zu nutzen. Auch in Blogs und Chats tauchen Dialektformen (mitunter ironisch gebraucht) auf. Weit bedeutsamer aber ist zum Beispiel Umgangssprache, die sich ununterbrochen ausbreitet. Auch das hat mit der Veränderung der sozialen Milieus zu tun. Je bedeutender Freizeit- und Unterhaltungsaktivitäten für die Menschen werden, desto mehr ziehen sie auch sprachlich gleichsam Freizeitkleidung an. In dem Maße, wie sich Umgangsformen und Etikettevorschriften lockern, wie sich (pars pro toto gesagt) Turnschuhe und Jeans durchsetzen, lockert sich auch das sprachliche Korsett – was die einen als Verlust, die weitaus meisten aber als Befreiung empfinden.

Und so duzt man nicht nur in schwedischen Möbelhäusern fremde Personen mit der größten Selbstverständlichkeit. So verabschieden sich Moderatoren nicht wie einst Ulrich Wickert in den »Tagesthemen« mit Wünschen für eine »geruhsame Nacht«, sondern sagen einfach »Tschüss«. Und Reporter und Blogger tragen alle die lässigen, saloppen oder »coolen« Ausdrucksformen in ihre Texte hinein, von denen ihr Alltag ebenso wie der ihres Publikums bestimmt ist. In der Grammatik tragen Medientexte unter dem Einfluss der Umgangssprachen zum Abbau des Flexionssystems bei, also zum allmählichen Verschwinden der komplizierten Beugeformen von Verben und Substantiven im Deutschen. Um nachzuvollziehen, wie sehr sich etwa die Sprache im Fernsehen in nur kurzer Zeit verändert hat, genügt es, einmal Berichte aus den sechziger oder siebziger Jahren anzuschauen, die gelegentlich in den Dritten Programmen wiederholt werden. Die Steifheit und die Förmlichkeit bei Straßenumfragen mit der Kamera oder bei Studiodiskussionen scheinen aus einem anderen Zeitalter zu stammen.

Zugleich dringen aber auch neue, gar nicht lässige Formen aus anderen Varietäten in die Standardsprache vor. Es sind die Bestände der Fachsprachen. Denn unser Alltagsleben wird nicht nur leichter und freier, sondern auch komplexer und schwieriger. Je mehr wir wissen und je angenehmer wir leben wollen, um so mehr müssen wir auch lernen von denen, die erneuern, entwickeln und forschen, um das Wissen ständig zu erweitern. Auch ohne IT-Spezialisten zu sein, müssen wir Tag für Tag mit Begriffen der Netzwelt jonglieren, die noch eine Generation zuvor niemand kannte. Von Politik, Verwaltung und Finanzbürokratie, von Sport- und Freizeitindustrie, von Mikrobiologie, Ökologie oder Klimaforschung werden wir alle fortwährend mit neuen Bezeichnungen für neue Sachverhalte und Erkenntnisse konfrontiert, die wir irgendwie in unsere Kommunikation einbauen müssen. Eine Unmenge von Termini regnet allein aus der Fachwelt der Medizin auf unsere Standardsprache und damit auf die Medien herab. Während der »Corona-Krise« zum Beispiel (selbst ein Neologismus) musste sich jeder und jede in diesem Land mit Dutzenden neuer Wortbildungen aus dem Umfeld der Internisten, Lungenärzte und Virologen medial auseinandersetzen.

Sprache in den Medien wird also tendenziell auch schwieriger. Ende der achtziger Jahre untersuchten Kommunikationsforscher der Universität Texas 105 Jahrgänge der *Los Angeles Times* und der *New York Times* zwischen 1885 und 1989 und verglichen Syntax und Vokabular mit Romanen von US-Schriftstellern aus dem gleichen Zeitraum. Es war eine der wenigen empirisch-statistischen Langzeitstudien zur Sprachentwicklung. Ergebnis: Die Länge der Sätze und die Zahl der langen Wörter ging in der Romanprosa im Verlaufe eines Jahrhunderts zurück. In den Zeitungen dagegen nahm die Zahl der langen Wörter zu; die Satzlänge ging nicht zurück, sondern blieb gleich. Die Studie bezog sich ausschließlich auf zwei amerikanische Qualitätszeitungen und nicht auf Boulevardmedien. Sie zählte auch nur Satz- und Wortlänge aus. Dennoch dürften die Ergebnisse auf die Folgen zunehmender Komplexität im Alltag und auf die Einflüsse von Expertensprache verweisen, die sich in Massenmedien eben leichter niederschlagen als in der Belletristik.

Entwicklungstendenzen der Standardsprache

Es sind aber nicht nur die Varietäten, die über die Medien Einfluss auf die Standardsprache nehmen. So trägt etwa die *Globalisierung* in Politik, Wirtschaft oder Wissenschaft vermehrt dazu bei, dass international gleichförmige Begriffe in die Nationalsprachen vordringen. Ein Wort wie »Pandemie«, noch im Januar 2020 kaum bekannt, klang uns bei allen Nachrichtensendungen wochenlang in den Ohren und gehörte im März bereits zum Standardvokabular in allen Erdteilen. Floskeln und Formeln aus der *politischen Rhetorik* setzen sich in der Standardsprache durch (»ich gehe davon aus ...«), Wortschöpfungen aus der *Werbesprache* (»pflegeleicht«) ebenfalls. Relativ klein, aber gesellschaftlich stark in der Diskussion ist eine Palette von Begriffen und Bezeichnungen, die ethisch nicht mehr angemessen erscheinen und deshalb von *politisch korrekten* Ausdrucksformen ersetzt worden sind oder werden sollen. In manchen Fällen sind solche Austauschprozesse weitgehend gelungen: Das Wort »Zigeuner« ist heute in öffentlicher Sprache der Bezeichnung »Sinti und Roma« gewichen; »Neger« gilt als diskriminierend. Schwieriger gestaltet sich die Durchsetzung sogenannter gendergerechter Formen, also von Schreibweisen, die kein Geschlecht diskriminieren und ausschließen sollen. Unterstrich, Binnen-I, Partizipien, Sternchen, Doppelpunkt, X – die Varianten, die man in bester Absicht in die Sprache hineinzutragen versucht, sind vielfältig. Die Medien gehen damit nach wie vor noch zögernd um; akustisch sind die meisten dieser Innovationen auch nur schwer und mit eigenartigen Bremsgeräuschen umsetzbar (Sprache will aber leicht gesprochen sein). Eine Zeitung wie die *taz,* die einst das Binnen-I verbreitete, überlässt es mittlerweile ihren Autorinnen und Autoren, wie sie mit den Neuerungsversuchen umgehen. Der Ausgang dieses Veränderungsprozesses ist noch offen.

Die vermutlich stärkste Triebkraft sprachlichen Wandels aber, die sich nicht mit Varietäten oder Political Correctness erklären lässt, ist das Streben nach *Ökonomie* im Ausdruck. In den allermeisten Sprachsituationen ziehen wir Prägnanz jeder Weitschweifigkeit vor. Wir wollen, dass sich Redner kurz halten, dass Informationen, Hinweistexte oder Gebrauchsanleitungen auf den Punkt kommen. Wir empfinden mit dem Dichter Friedrich Schiller Stil als den »Ausdruck des Notwendigen«, und das gilt in der temporeichen Gegenwart mehr denn je. Wir wollen nicht viel Worte machen, wenn es nicht sein muss, ja sogar mit den Buchstaben wollen wir sparsam umgehen. Wir können die Zeit gut für anderes brauchen – zum Beispiel um schwierige Texte und Sätze zu entziffern, die uns ja nicht nur in der *New York Times* begegnen. Und so fahren wir mit hundert »Km/h« (drei Silben) statt mit hundert Stundenkilometern (sechs Silben), fahren lieber mit dem »Bus« zur »Uni« als mit dem altmodischen Omnibus zur Universität. Und wer immer noch mit der Eisenbahn statt mit der »Bahn« unterwegs ist, stammt offensichtlich aus einer anderen Zeit. Oder er hat zu viel davon.

Der Essener Linguist Peter Braun und der Wissenschaftsjournalist Dieter E. Zimmer haben die Haupttendenzen in der Standardsprache der Gegenwart dokumentiert. Übersichtlich zusammengefasst und um aktuelle Beispiele angereichert, ergibt sich das nachfolgende Bild – ein Bild gegenläufiger Entwicklungen. Es belegt Veränderungen, die Erleichterung ebenso wie Erschwernis mit sich bringen. Veränderungen, die alle eher begrüßen dürften, ebenso wie Veränderungen, die bei vielen den Eindruck des Verfalls bewirken, für den die Medien als (überdies fehleranfälliges) Transportmedium verantwortlich seien. Zunächst in der *Lexik:*

- Auffällig ist der zunehmende Prozess der Synthese und Univerbierung, das heißt, mehrere Wörter werden zu neuen Worteinheiten (Komposita) zusammengesetzt. Das entspricht dem Streben nach Ökonomie und kann zu Prägnanz und bildlicher Klarheit führen (»Streicheleinheiten«, »Ex-und-hopp-Flasche«, »Videobeweis«, »Gendersternchen«). Ökonomiestreben kann Begriffe aber auch komplex überladen (»Kostendämpfungspauschale«, »Kindergeldsockelbetrag«, »Atemschutzmaskenpflicht«). Die allermeisten der Vokabeln, die wir als neu empfinden, sind Zusammenleimungen alter Wörter.
- Zur Univerbierung gehören auch formelhafte Verbindungen (»arbeitsmäßig«, »superleicht«) und Verkürzungen und Abschleifungen (»Medienrechtler«, »Farbkopierer«).

- Sprachökonomisch bedingt sind Abkürzungen aller Art (»MdB«, »EKG«, »LG«), die ihren Gegenstand gelegentlich verdunkeln können (»aka« = also known as).
- Stark auf dem Vormarsch in der Schriftsprache sind Begriffe und Neologismen aus der Umgangssprache (»bescheuert«, »krawallig«, »herumeiern«).
- Diminutiva, also Verkleinerungsformen, drängen ebenfalls zunehmend aus der Vertraulichkeit der Umgangssprache in die Hochsprache (»Chauvi«, »Macho«).
- Begriffe aus dem Jugend- und Szenejargon gelangen unmittelbar oder nach einer Weile über die Umgangssprache in die Standardsprache. Dazu gehören hochsprachliche Wörter, deren Bedeutung sich verschoben hat (»tierisch«, »teilen«, »irre«), vor allem aber englischsprachige Begriffe (»Loser«, »chillen«, »posten«, »Flash Mob«, »Influencerin«). Manche verschwinden als Modebegriffe wieder schnell und wirken schon bald eher komisch (»Beatnik«, »Grufti«).
- Andere Importe aus dem Englischen sind und bleiben allgegenwärtig (»Follower«, »Event«, »Livestream«, »Display«, »Sampler«, »Button«, »tough«, »Workflow«, »Homeoffice«), auch in formal ans Deutsche angepasster Form (»signalisieren«, »upgraden«). Ob sie nötig und verständlich (und damit in Massenmedien »demokratisch« zu rechtfertigen) sind oder lediglich Ausdruck von Imponiergehabe, mag jeder anhand dieser Beispielreihe von Fall zu Fall selbst beurteilen. Natürlich kann man mit Anglizismen auch Eindruck schinden. Zu ersetzen sind sie jedoch keineswegs immer, vor allem dann nicht, wenn sie sich durchgesetzt haben, bevor eine deutsche Entsprechung gefunden ist. Personen, die versuchen, Anglizismen unter allen Umständen einzudeutschen, nannte die *tageszeitung* einmal mit einer hübschen Univerbierung »Sprachschrebergärtner«. Vor allem global benutzte Anglizismen können für die Kommunikation eine Erleichterung sein.

- Aus den Fachsprachen gelangen ununterbrochen neue Vokabeln (und nicht nur englische) in den Bestand der Standardsprache (»Fokus«, »Katalysator«, »Sockelbetrag«, »Poleposition«, »Rezession«, »Neurodermitis«). Manche dieser ursprünglich nur Experten geläufigen Fachbegriffe verlieren in der Standardsprache allerdings an Präzision und werden dort als Abstrakta und »Plastikwörter« (so der Germanist Uwe Pörksen) für alle möglichen Zusammenhänge eingesetzt (»Struktur«, »Strategie«, »System«). In den Medien können sie dann Präzision wichtigtuerisch vortäuschen.

- Zu nennen (und in Massenmedien oft bedenklich – wir kommen darauf zurück) ist der Trend zu Euphemismen, also das Streben, Objekte, Tätigkeiten oder Personen begrifflich aufzuwerten oder schönzureden: »Sicherheitskräfte«, »Verkaufsberater«, »Hair Studio«, »Bestandsräumung« (für die Notschlachtung von Nutztieren).

Auch bei der *Syntax* weisen die Forschungsergebnisse auf Verkürzung und Vereinfachung einerseits und mehr Komplexität andererseits hin.

- So nimmt die Satzlänge, also die Zahl der Wörter pro Satz, kontinuierlich ab. Noch wichtiger: Die Satzgefüge gehen zurück, also die Kombination aus Haupt- und Nebensatz. Schon Nebensätze zweiter oder (wie im folgenden Beispiel) dritter Ordnung sind selten geworden: »Der Präsident betonte, *dass* die Truppen ihre Aktionen fortsetzten, *bis* alle Lager zerstört seien, *in denen* die Terroristen Nachwuchskämpfer ausbildeten.« (20 Wörter) Moderner als Nachrichtensatz klingt diese Umformulierung: »Der Präsident betonte, dass die Truppen ihre Aktionen fortsetzten. Ziel sei die Zerstörung aller Ausbildungslager der Terroristen.« (9 Wörter plus 8 Wörter)

- Einfacher wird der Satzbau auch durch das allmähliche Verschwinden der »typisch deutschen« Satzklammer: Statt einen Nebensatz zwischen den konjugierten Teil des Verbs und den davon losgelösten Verbzusatz einzuklemmen (»Das Coronavirus *kam* schneller, als es die Verantwortlichen der Region erwartet hatten, *zurück*«), setzt sich die Ausklammerung des Nebensatzes durch: »Das Coronavirus *kam* schneller *zurück*, als es die Verantwortlichen der Region erwartet hatten.«
- Flexionsformen schwinden (»sich an jemand erinnern« statt »sich an jemand*en*« oder »sich jemand*es* erinnern«).
- Aus der Verwaltungs-, aber auch aus der Wissenschaftssprache dringen Passivformulierungen in die Standardsprache (»es wird angeordnet«, »es wurde untersucht«, »es ist festgestellt worden«), hinter denen sich der logische Urheber einer Handlung verstecken kann. Das rivalisiert mit der Umgangssprache, die Akteure gern klar und aktiv benennt.
- Wo Satzgefüge zurückgehen und Wörter eingespart werden, nehmen Satzgliedketten zu: »Präsident Trump hat *im* Streit *mit* der EU *über* Autoimporte *in* die Vereinigten Staaten *mit* der Verhängung *von* Strafzöllen reagiert« – ein Satz, der nicht lang, aber komprimiert ist und beim Lesen aufwändig »de-komprimiert« werden muss.
- Auch Nominalstil hilft Wörter einzusparen. Wer ihn einsetzt, stopft in den Satz mehrere »Nominalisierungen« (das heißt zu Nomen erstarrte Verben oder Adjektive – meist »-ung«-Wörter). Auch das wirkt sich negativ auf die Verständlichkeit aus: »Die Verpflichtung der Regierung zu einer finanziellen Unterstützung und damit zur Verbesserung der Chancen von Firmenneugründungen …«.

4. Verständlichkeit und Demokratisierung: Sprachleistungen des Journalismus

Medien sind Vermittler. Sie stehen in der Mitte (lat. medium) zwischen Weltgeschehen und Publikum. Ihre Aufgabe ist es nicht in erster Linie, dieses Weltgeschehen zu kommentieren, sondern es transparent und verständlich zu machen. Um dieses Ziel zu erreichen, müssen sie selbst verständlich sein. Die Kommunikationsforschung hat dazu eine Reihe von Erkenntnissen gewonnen, an denen sich Journalisten orientieren können. Sie betreffen auch rhetorische und ästhetische Qualitäten. Die Medien selbst haben im Laufe der Jahrhunderte in den verschiedenen Textgenres und Ressorts eigene ästhetische Ausdrucksformen und Kulturleistungen professionell entwickelt.

Gesellschaften sind komplexe Gebilde. So wie Sprache aus diversen Subsystemen besteht, die sich räumlich oder sozial voneinander abheben, so kann man sich »Gesellschaft« als ein Miteinander (und Gegeneinander) von Subsystemen vorstellen, die sich in ihren Interessen, Zielen und Leistungen unterscheiden. Dazu gehören zum Beispiel die Wissenschaft, Wirtschaft und Handel, die Kunst, die Rechtsprechung, das Schul- und Bildungswesen oder die Medien. Solche Einzelsysteme folgen ihrer eigenen Handlungslogik, eigenen Programmen (und damit auch Sprachregelungen). Gleichwohl sind sie

© Der/die Autor(en), exklusiv lizenziert durch
Springer Fachmedien Wiesbaden GmbH, ein Teil von Springer Nature 2020
G. Reus, *Sprache in den Medien*, Medienwissen kompakt,
https://doi.org/10.1007/978-3-658-00861-1_4

insgesamt an der Aufrechterhaltung jenes Gesamtsystems beteiligt, das man Gesellschaft nennt.

Bei aller Leistungsfähigkeit könnte keines dieser Subsysteme, wäre es nur auf sich gestellt, lange überleben. Alle sind auf das Wissen der anderen angewiesen – Politiker brauchen die Erkenntnisse der Wissenschaft oder Zahlen aus der Wirtschaft, um handeln zu können; die Wirtschaft schaut auf das Kulturleben, um Trends und Bedürfnisse zu erkennen; Kultur oder Rechtsprechung reagieren wiederum auf politische oder wissenschaftliche Veränderungen usw. Die Instanz aber, die diese wechselseitigen Austausch- und Informationsprozesse organisiert, sind die Informationsmedien und mit ihnen der Journalismus. Sie sammeln und vermitteln jenes neue Wissen, das Lehrerinnen und Lehrer, das Politiker und Managerinnen, das Rechtsanwältinnen, Regisseure und Ärzte in ihren Berufen Tag für Tag benötigen. Die Leistung des Subsystems »Medien« besteht also darin, eine gemeinsame Plattform für alle anderen Subsysteme bereitzustellen – eine Plattform, die »der« Gesellschaft hilft, sich selbst zu zu beobachten, zu erkennen, zu steuern und dabei für einen Ausgleich der Interessen zu sorgen. Dieses Ziel ist nie endgültig zu erreichen, so wie die Medien nie ein vollständiges »Abbild« der Gesellschaft liefern können. Als Informations*prozess* aber, als permanente Herstellung von Öffentlichkeit ist diese Steuerungsleistung von Medien und Journalismus überlebenswichtig für die Demokratie. Oder, um es einfach und plastisch mit Caspar von Stielers *Zeitungs Lust und Nutz* zu sagen: Medien sorgen dafür, dass man »wisse, was vor Händel in der Welt getrieben werden«.

Wann ist etwas verständlich?

Öffentlichkeit durch Medien herzustellen heißt nichts zu verbergen, heißt alles ans Licht zu bringen. Es heißt, Nachrichten zu sammeln, auszuwählen, zu präsentieren und angemessen zu »rahmen«, also zu deuten und einzuordnen. Es geht darum, die »Händel der Welt« verstehbar und durchschaubar zu machen. Das setzt voraus, dass die Medien das, was gesellschaftlich verstanden werden soll, erst einmal in eine sprachlich verständliche Form zu bringen vermögen. Was dabei zu beachten und welchen Regeln zu folgen ist, versucht die Verständlichkeitsforschung als eines der Kerngebiete der Kommunikationswissenschaft zu ermitteln.

Auch *Verstehen* und *Verständlichkeit* sind komplexe Phänomene. Ob Menschen sprachliche Informationen tatsächlich aufnehmen und verarbeiten, also verstehen können, hängt nicht nur von deren Beschaffenheit ab, von Lexik oder Syntax, von Aussprache oder Lautstärke. Wichtig ist auch, welche Voraussetzungen Leserinnen und Leser, Hörerinnen und Hörer mitbringen. Sind sie an einem Sachverhalt überhaupt interessiert? In welcher Stimmung und wie aufnahmebereit sind sie gerade? Wie geübt sind sie im Lesen? Wie gut können sie Informationen einordnen? Was für ein Weltwissen, was für ein Fachwissen, was für ein *involvement* bringen sie mit? Betrifft sie das Gesagte persönlich? Wie viel können und wollen sie in den Verständigungsprozess kognitiv oder zeitlich investieren? All das steht wiederum in einem komplizierten wechselseitigen Verhältnis zur sprachlichen Beschaffenheit der Information.

Das *Verstehen* von Information spielt sich ausschließlich im Kopf der Adressaten ab. Sie konstruieren bei der Aufnahme einer Nachricht deren Bedeutung, und zwar aufgrund ihres Vorwissens, ihrer Einstellung, ihrer Stimmung, ihrer Betroffenheit usw. Als *Verständlichkeit* von Information kann man dagegen das Ergebnis einer »gemeinsamen Bemühung«

von Absender und Adressat begreifen, »wobei allerdings der Absender in Vorleistung geht«, schreibt der Kommunikationswissenschaftler Steffen-Peter Ballstaedt. Diese Vorleistung ist die Beschaffenheit eines Textes. Bei Verständlichkeit geht es also vor allem um Textfaktoren, die zum Beispiel Journalisten gebrauchen und mit denen sie auf das Verstehen des Publikums einwirken. Ballstaedt nennt das die »rhetorische Aufgabe« des Absenders im Kommunikationsprozess, im Gegensatz zur »hermeneutischen Aufgabe« des Adressaten.

In diesem Buch geht es um die Beschaffenheit von Sprache. Deshalb interessiert uns in erster Linie, was Verständlichkeitsforscher zu Faktoren herausgefunden haben, die es dem Publikum erleichtern (können), Zusammenhänge sprachlich zu erkennen und zu verarbeiten. Dieser Wissenschaftszweig entfaltete sich in der Mitte des vergangenen Jahrhunderts in den USA als »Readability«-Forschung. Sie konzentrierte sich lange Zeit darauf, mathematische Formeln zu entwickeln, um die Lesbarkeit von Texten exakt zu berechnen. Grundlage dieser Berechnung bildeten Satzlänge und die Länge einzelner Wörter (siehe die oben erwähnte Studie der Universität Texas). Man vermutete einen linearen Kausalzusammenhang – je länger, desto schwieriger. Dass diese beiden Textfaktoren Einfluss auf die Verständlichkeit von Texten haben, war und ist auch plausibel, denn lange Sätze und lange Wörter belasten den Gedächtnisspeicher und damit die Aufnahmefähigkeit von Leserinnen und Lesern in der Regel mehr.

Allerdings muss das nicht so sein: Das Wort »None« (= Intervall in der Musik) fordert das Gehirn weit mehr heraus als das lange Wort »Lohnsteuerjahresausgleichsformular«. Und mögliche weitere Einflussfaktoren neben Wort- und Satzlänge stellten die Linearität des Zusammenhangs in Frage. Gleichwohl suchte man auch in Deutschland weiter nach mathematischen »Reading-Ease-Formeln«.

Weitaus differenzierter ging 1978 der Kommunikationswissenschaftler Werner Früh vor. In seiner Dissertation untersuchte er akribisch, wie Rezipienten mit unterschiedlicher Vorbildung experimentell mehrfach variierte Pressetexte verarbeiteten. Dabei gelangte er zu überraschenden Befunden. So fand er heraus, dass neben dem formalen Schwierigkeitsgrad (Satzbau, Satzlänge, Wortfrequenz, Vertrautheit des Vokabulars usw.) auch die »Anmutungsqualität« eines Textes darüber entscheidet, was Leser tatsächlich aufnehmen. Das ästhetische Empfinden (Ist der Text »gut« geschrieben?) spielt also eine erhebliche Rolle im Prozess des Verstehens. Ferner erkannte Früh, dass es nicht nur eine »Komplexitätsschwelle« bei der Rezeption gibt (was wenig überrascht), sondern auch eine »Banalitätsschwelle« – also eine Untergrenze bei der formalen Vereinfachung von Texten, der man sich nicht zu weit annähern sollte, will man Neugier und Aufmerksamkeit des Publikums nicht gefährden. Eine Abfolge monotoner Kurzsätze ist kaum ratsam. Daraus ergab sich die Empfehlung, Texte eher auf einer mittleren Komplexitätsebene zu halten. Das Lesepublikum muss aktiv bleiben. Es sollte gelegentlich kognitiv mäßig überfordert werden, damit sein Aktivationsniveau nicht absackt. Das bestätigten auch Forschungen des Psychologen Norbert Groeben.

Der Akzent liegt auf »mäßig«. Denn Früh konnte bestätigen, dass zum Beispiel Satzverschachtelung und unvertrautes Vokabular sich deutlich negativ auf Erinnerungsleistung und Globalurteil der Probanden auswirken – und zwar unabhängig von deren Bildungsgrad. Anders gesagt: Selbst akademisch trainierte Leser mögen es nicht, wenn sie in einem journalistischen Text mit Fachbegriffen bombardiert und mit kompliziertem Satzbau gequält werden.

Textfaktoren, wie sie die Kommunikationsforschung ermittelt hat, »wirken« also nachweislich auf das Verstehen ein. Dafür spricht auch die Verständlichkeitskonzeption des Hamburger Psychologenteams Inghard Langer, Friedemann

Schulz von Thun und Reinhard Tausch. Es ist in Deutschland weit verbreitet, vielfach experimentell erprobt und besteht aus den vier Dimensionen

(1) Sprachliche Einfachheit (möglichst ausgeprägt sollten zum Beispiel sein: vertrautes Vokabular, einfacher Satzbau, Anschaulichkeit),

(2) Gliederung/Ordnung (möglichst ausgeprägt, zum Beispiel: klarer Aufbau, Folgerichtigkeit, Zwischentitel, Zusammenfassungen),

(3) Kürze/Prägnanz (sollte eher mäßig ausgeprägt sein, da Textkomprimierung die Komplexität erhöhen kann: keine unnötigen Einzelheiten, aber in Maßen Redundanz möglich) und

(4) Zusätzliche Stimulanz (in Maßen, zum Beispiel: belebende rhetorische Elemente, Zitate, narrative Einschübe).

Mit der letzten Dimension verweist auch dieses Modell auf die Bedeutung von Textästhetik: Ob Leserinnen und Leser bereit sind, kognitive Anstrengung in die Lektüre zu investieren, hängt auch davon ob, ob sie den Eindruck haben, ein Text sei angenehm zu lesen.

Der Kommunikationspsychologe Steffen-Peter Ballstaedt hat ausführlich und systematisch zusammengetragen, was die von der Forschung herausgearbeiteten Verständlichkeitsfaktoren für die »Vorleistung« von Autorinnen und Autoren im Verstehensprozess bedeuten. Wer Hinweise sucht, was gebräuchliches Vokabular ist, wie man mit Komposita oder Nominalisierungen, mit Passivkonstruktionen oder Satzklammern, mit Abfolgen, Aufzählungen oder Textaufbau umgehen sollte, wird hier wissenschaftlich zuverlässig bedient. Ballstaedt verweist auch auf umfangreiche Metastudien aus den USA, die belegen, dass man die Textverständlichkeit tatsächlich verbessern kann, wenn man entsprechende Forschungsergebnisse der Kommunikationswissenschaft konsequent nutzt.

Textformen als Kulturleistungen

Es gehört zu den großen Sprachleistungen des Journalismus, dass er es vermocht hat, Ausdrucksformen zu entwickeln, die die eben skizzierten Normen bedienen können. Journalistinnen und Journalisten schaffen es zwar nicht immer, verständlich zu schreiben, doch sie wissen durchaus, wie sie es anstellen müssen, ihr Publikum zu erreichen. Und sie können dabei auf ein Reservoir von Textformen oder Genres zurückgreifen, die Verständlichkeitsfaktoren gleichsam als Markenzeichen in sich tragen: Meldungen und Überschriften sind kurz und prägnant, Reportagen anschaulich und dramaturgisch gegliedert, in vielen Genres häufen sich rhetorische Stimulanzen. Diese Textformen sind genuine Kulturleistungen, die der Journalismus (gleichsam dem Designermotto *form follows function* entsprechend) hervorgebracht hat. Dafür einige Beispiele.

Die Meldung

Noch einmal Caspar von Stieler zu den »Händeln der Welt« und den Aufgaben des Journalismus: »Der Zeitunger«, so schreibt der barocke Presseexperte, »soll die neuesten Händel der Welt erzählen, ohne zu sagen, was er davon denkt, ob recht oder nicht.« Lange Zeit, bis tief ins 18. Jahrhundert hinein, folgt die Presse (freiwillig oder von der Zensur erzwungen) diesem Prinzip: Information so unkommentiert, so unpersönlich wie möglich zu vermitteln und jede Stellungnahme, jedes »Räsonnement« zu meiden. Am klarsten erhalten hat sich diese Maxime in der schmucklosen, scheinbar dürftigen Form der Meldung: Sie konzentriert sich auf einen nachrichtlichen Kern, reduziert Geschehen auf seine faktischen Bestandteile (die viel zitierten W-Fragen: Wer, Was, Wann, Wo, Wie, Warum, Welche Quelle). Das übermittelnde *Subjekt* tritt hinter das Geschehen zurück. Ein unbestechliches, rein technisch operierendes *Objektiv* wird es dadurch freilich nicht – hinter jedem Kameraobjektiv steht weiterhin ein Mensch. Auswahl, Quellenbezug, Platzierung, Rahmung von Meldungen halten das Subjekt also massiv im Spiel. In der sprachlichen Anlage aber ist, was die »Kommunikatoren« in der nachrichtlichen Meldung äußern, vom Versuch der *Objektivierung* geprägt, von Sachlichkeit, Direktheit, Prägnanz, Kürze und intersubjektiver Überprüfbarkeit: Ein anderer Beobachter könnte, stünden ihm die gleichen Quellen zur Verfügung, das Ereignis genau so oder zumindest sehr ähnlich vermelden.

Die strenge Hierarchie der Bauart (*climax first* = das Wichtigste nach vorn, und dann nur noch das, was zum Verständnis unmittelbar nötig) ist dem »natürlichen« Erzählverhalten diametral entgegengesetzt. Wenn wir im Alltag von einem Ereignis berichten, neigen wir zu Abschweifungen, Verzögerungen, Assoziationen, Übertreibungen oder Kommentierungen. Wir wollen eine Sache (und uns mitunter auch) wichtig machen und erzählen zu einem Höhepunkt hin. Bestimmte journalistische Formen wollen das auch. Die Meldung aber fällt mit der Tür ins Haus – freilich nicht plump und ungehobelt, sondern diszipliniert und durchdacht, mit dem alleinigen Ziel des Informationstransfers und der Ausdrucksökonomie. Ihr Stil ist künstlich; ihn zu beherrschen ist durchaus eine Kunst. Selbst gewiefte Schreiber können daran scheitern.

Von dieser Kunst wussten schon Autoren des Barockzeitalters: »Wien den 21. Februari. Samstags vnd heut seyn beede May: sampt dem König nach Laxenburg zur Vogelbaiß im

Schlitten gefahren / es seyn auch Gestern und vorgestern bey Hof Welsche Comedien / schöne Maschkarata und Täntz gehalten worden / sonst ist allhie Cardinal von Dietrichstein angekommen / der soll die Königl: Braut zu Genua abholen.«

Ende der Meldung. So liest sich eine Wiener Zeitungskorrespondenz aus dem frühen 17. Jahrhundert – konzentriert auf die Nachrichtenfaktoren Prominenz und Aktualität und reduziert auf die faktischen Fragen Wo, Wann, Wer, Was, Wie. Sind sie (das Wichtigste nach vorn) beantwortet, ist das Entscheidende gesagt. Der Mainzer Kommunikationswissenschaftler Jürgen Wilke hat Beispiele für diesen frühen Faktenstil auch in Hamburger Zeitungen aus dem 17. und 18. Jahrhundert gefunden.

Die ältere Pressegeschichte weist freilich eine Fülle andersartiger Beispiele auf; immer wieder wollten Nachrichtenübermittler lieber »narrativ« und chronologisch schreiben. Sie schoben Kerninformationen vor sich her, um sie dem Publikum erst nach einer Weile zu enthüllen. Quantitativ überwogen solche Meldungen vermutlich sogar bei Weitem. Aber dass Zeitungsjournalisten es bis zum Ende des 19. Jahrhunderts einfach noch nicht anders wussten, als von vorn nach hinten zu erzählen, ist ein Mythos, ein Irrtum, der sich durch viele Lehrbücher zieht. Dort heißt es immer wieder, erst ökonomische oder technische Gründe (etwa die Störanfälligkeit von Telegrafenverbindungen im amerikanischen Bürgerkrieg) hätten dazu geführt, dass man von der bis dahin üblichen Chronologie der Darstellung abkehre, die »Pyramide« der Fakten umdrehte und mit *climax first* begann. Dem Journalistikwissenschaftler Horst Pöttker gelang es durch Studien an US-Zeitungen nachzuweisen, dass diese Umkehrung nichts mit den technischen Übertragungswegen im amerikanischen Bürgerkrieg zu tun haben konnte. Sie resultierte vielmehr aus professionellen Einsichten und Fähigkeiten des Berufsstandes. Die wiederum dürften, wie unser Korrespondentenbericht aus Wien zeigt, über einen sehr langen Erfahrungszeitraum hinweg gereift sein. Die »umgekehrte Pyramide«, so zeigte Pöttker, verbreitete sich als Kulturleistung des Journalismus dann allerdings zum Ende des 19. Jahrhunderts rapide. Dies geschah zeitgleich mit Illustrationen, größeren Überschriften oder besserer Textgliederung. Denn im Zeitalter der Massenpresse und der ersten Boulevardblätter erkannte man mehr und mehr die Bedürfnisse des Publikums, Information schneller und direkter aufzunehmen.

Die Grundregel des hierarchischen Vermeldens hat längst auch in anderen Medienwelten wie Werbung oder Public Relations Eingang gefunden. Kurze Pressemitteilungen sind häufig nach dem gleichen Prinzip wie journalistische Meldungen gebaut und rücken das Wichtigste nach vorn. Auch in den Teasern des Onlinejournalismus und diversen Kurzformen zeitgemäßer Internetkommunikation wirkt die Stilkunst der Ausdrucksökonomie fort.

Meldungen und die etwas breiter angelegten, aber von ähnlicher Sachlichkeit geprägten Berichte lassen sich an weiteren sprachlichen Besonderheiten leicht erkennen. Da sie zum großen Teil aus der Wiedergabe fremder Rede bestehen, enthalten sie – in direkter oder indirekter Form – viele Zitate. Vor allem die indirekte Rede ist für Meldungen typisch. Als modale Nuancierung in der grammatischen Form des Konjunktivs (»Dies sei ein guter Vorschlag, betonte Merkel«) bietet die indirekte Rede die Möglichkeit, die Distanz zur Aussage anderer zu wahren. In den Massenmedien findet dieser Sprachmodus, der heute in vielen anderen Sprechsituationen selten geworden ist, gleichsam ein Refugium – eine Kulturleistung auch dies.

Der Einsatz der Zeitformen ist ebenfalls nachrichtentypisch geregelt. So beginnen Meldungen über vergangenes Geschehen in der Regel im Tempus des Perfekts (»Massive Kritik an den Rentenplänen der Bundesregierung hat die Linkspartei geäußert«), weil das auch in der Umgangssprache bevorzugte Perfekt die Nähe zur Gegenwart und damit die

Aktualität betont. Das befördert ebenso wie die Umstellung (Inversion) der Satzglieder (»Massive Kritik hat die Linkspartei geäußert« statt »Die Linkspartei hat massive Kritik geäußert«) die Aufmerksamkeit.

Solche und andere Schemata wie bestimmte Bindewörter (»unterdessen«, »dagegen«) oder Quellenbezüge (»laut«, »nach Angaben von«) verleihen der Nachrichtensprache aber auch eine Formelhaftigkeit, die Verständlichkeit nachgerade torpedieren kann. Mit dem Eindruck der zuverlässigen, weil wie gewohnt verpackten Information kann sich gerade in den elektronischen Medien der Eindruck des immer Gleichen, des nachrichtlichen Rituals einstellen, auf das man sich gar nicht mehr besonders einlassen muss. Noch größer ist das Verständlichkeitsdilemma der Kurzmeldung, wenn sie im Streben nach Ökonomie und Prägnanz die Information allzu stark komprimiert und die Satzgliedkette verdichtet (»Auf einer Konferenz des DIHT verurteilte Niethammer am Montagabend in Bonn die aus Strompreiszuschlägen finanzierten Beihilfen für so genannte erneuerbare Energie und Kraft-Wärme-Kopplung«).

In den vergangenen Jahrzehnten aber hat sich die syntaktische Überschaubarkeit von Nachrichten in den Agenturen und vor allem in Hörfunk, Fernsehen und Internet deutlich verbessert. Zugenommen hat zugleich der Trend, »harte« und »weiche« Information zu vermengen. Nicht Relevanz, sondern Kuriosität, Humor oder Human Interest drängen dann als Nachrichtenfaktoren in den Vordergrund und erlauben eine Berichterstattung, in der es »menschelt«. Im Streben nach Publikumsnähe und Unterhaltsamkeit durch sogenanntes Infotainment lässt sich das zuverlässige, aber steife Korsett der (politisch geprägten) Nachrichtenhierarchie wieder abstreifen. Die Meldung soll so zur »Narrativität« zurückfinden und darf personalisieren, zuspitzen und dramatisieren.

Dass Zuspitzung und Übertreibung (man mag sagen: leider) zum Journalismus dazugehören, zeigt auch die Sprachform der *Überschrift*. Zunächst einmal ist sie der Ausdrucksökonomie extrem verpflichtet. Ihr elliptischer Stil (»Neuer Filter schont Umwelt«) konzentriert – erstens – das Nachrichtenkonzentrat noch einmal. Das kann orientieren, es kann die Aufmerksamkeit für den Nachrichtenkern erhöhen; es kann allerdings auch unfreiwillig verrätseln oder entleeren (»Vergebliches Bemühen in Berlin«). Überschriften innerhalb eines Textes können – zweitens – gliedern und ordnen und bedienen somit eine zentrale Verständlichkeitsdimension (siehe das Konzept des Hamburger Psychologenteams). Sie können – drittens – als Leseanreiz, als Stimulanz dienen; auch das befördert die Verständlichkeit. Dabei spielen rhetorische Figuren, Klang, Rhythmus und Sprachspiele eine wichtige Rolle (»Allofs – Völler – Doppelböller«, »Neuer Streit um alte Pläne«, »Toupet or not Toupet?«).

Überschriften neigen allerdings – viertens – wie die bunte oder »weiche« Meldung und wie alles, was um Aufmerksamkeit buhlt, auch zur Zuspitzung, zu Marktschreierei und Kommentierung (»Täter endlich festgenommen«; »Tötete er seine Frau mit Google?«). So können auch sie wegführen von dem, was die funktionale Stärke der nachrichtlichen Meldung ist.

Die Reportage

Als ein Geschäftsmann namens Claudius am 15. Oktober 1810 vom Schützenplatz der preußischen Hauptstadt aus mit einem Heißluftballon in den Himmel über Berlin aufsteigen will, eilt ein gewisser Heinrich von Kleist, Ein-Mann-Redakteur der *Berliner Abendblätter*, zum Schauplatz. In seinem Bericht für die Abendausgabe wird er schreiben: »10 Uhr morgens. Der Wachstuchfabrikant Hr. Claudius will, zur Feier des Geburtstages Sr. Königl. Hoheit, des Kronprinzen, heute um 11 Uhr, mit dem Ballon des Prof. J. in die Luft gehen, und denselben, vermittelst einer Maschine, unabhängig vom Wind, nach einer bestimmten Richtung hinbewegen. [...] Hr. Claudius will nicht nur bei seiner Abfahrt, den Ort, wo er niederkommen will, in gedruckten Zetteln bekanntmachen: es heißt sogar, daß er schon Briefe an diesen Ort habe abgehen lassen, um daselbst seine Ankunft anzumelden. – Der Tag ist, in der Tat, gegen alle Erwartung, seiner Vorherbestimmung gemäß, ausnehmend schön.«

1810! Die Menschen kennen kein Telefon und keinen Computer, keinen Fernseher und kein Radio. Neuigkeiten außerhalb des Privaten erreichten sie frühestens nach Stunden, oft erst nach Tagen. Und doch schafft es der Dichterjournalist Kleist allein mit Sprache (etwa der Form des Präsens), eine Art Direktübertragung zu simulieren. Er ist »vor Ort«. Er beobachtet für sein Publikum. Er hört sich um, was die Menschen so munkeln. Spannung liegt in der Luft. Gleich passiert etwas: »10 Uhr morgens. Herr Claudius will ... Es heißt sogar ... Der Tag ist ausnehmend schön ...«

Man kann sich vorstellen, wie die Berlinerinnen und Berliner solche Sätze verschlungen haben. Denn solange Neugier eine menschliche Konstante bleibt, folgen wir alle gern der Einladung, ein Spektakulum mitzuerleben und Augenzeuge zu werden. Darin besteht die Anziehungskraft der Reportage, gleichgültig, in welcher modernen Variante sie daherkommt: Sie lässt miterleben, mitfühlen, mit den Sinnen dabei sein. Wenn Verständlichkeit das Ergebnis einer gemeinsamen Bemühung von Absender und Adressat ist, wobei der Absender in Vorleistung geht (siehe oben), dann ist die Reportage ein Beitrag des Journalismus zum Verständnis der Welt, den man gar nicht hoch genug einschätzen kann. Jetzt kommt es nicht mehr allein auf Fakten an. Umstände, Atmosphäre, Personen, Zusammenhänge, Folgen interessieren ebenfalls. Das Subjekt tritt deshalb nicht mehr hinter das Geschehen zurück. Es begibt sich in das Geschehen hinein. Es überwindet (stellvertretend für andere) geographische, soziale, institutionelle oder kulturelle »Distanzen« und »Barrieren« (Michael Haller). Es bedient die »Kamera« in erkennbar eigener Regie. Es gestaltet. Die Reportage ist subjektiv, weil sie von etwas Erlebtem spricht, das ein Mensch durch eigene Wahrnehmung filtert und formt.

Heute kann die Reportage tatsächlich Kameras zu Hilfe nehmen. Die Bilderflut und Allgegenwart moderner Medien erlaubt es uns, bei nahezu jedem Geschehen rund um die Uhr selbst dabei zu sein. Überall da aber, wo sinnliches Miterleben ausschließlich von der Kraft der Sprache getragen ist, kann uns noch bewusst werden, wie außergewöhnlich diese mediale Übertragungsfähigkeit ist und welchen Weg der Journalismus von der Abstraktion zur Anschaulichkeit genommen hat.

Dazu ein Beispiel aus der Rundfunkgeschichte. Als das Radio nach dem Ersten Weltkrieg an die Seite der Presse trat, eröffneten sich neue Räume der Gleichzeitigkeit. Wie aber sollte man sich darin bewegen? In welcher Sprache sollte man zum Beispiel für Zuhörer live vom Spielgeschehen auf einem Fußballplatz berichten? Hierfür hielt die Zeitungsgeschichte kein Beispiel bereit. Also tastete man sich mit Distanz und Abstraktion an die Aufgabe heran – und musste erkennen, dass für die Dramatik des Wettkampfs eine ganz andere Sprache nötig war. So jedenfalls hat es Alfred Braun überliefert.

Braun, ein gelernter Schauspieler, war unmittelbar nach dem Start des Sendebetriebs 1923 zum Berliner Rundfunk gestoßen und galt schon bald als Erfinder der Hörfunkreportage. In einem Interview kurz vor seinem Tod erzählte er, wie fassungslos die Programmverantwortlichen reagierten, als er vorschlug, erstmals ein Fußballspiel live zu übertragen. Man hielt das für eine Überforderung der Vorstellungskraft von Hörern. Schließlich willigte man in einen Versuch ein, doch unter folgender Bedingung: Das Spielfeld wurde wie ein Schachbrett in Quadrate aufgeteilt. Hörer und Reporter hielten einen Zettel mit diesem Spielfeldschema in der Hand. Für Braun baute man ein riesiges Aluminiumgerüst als Beobachtungsposten am Sportplatz, auf dem er dann hin und her lief und ins Mikrofon rief: »Jetzt ist der Ball in Ziffer 8, jetzt, meine Damen und Herren, ist er in Quadrat 22, jetzt in 42 ...«

Schon bald, so erzählt es Braun, habe ihn die Wut gepackt. Er zerriss den Zettel und fand noch während des Spiels zu jener Sprache der Sportreportage, die wir heute aus der Bundesliga-Konferenzschaltung am Samstagnachmittag kennen – dramatisch, metapherngesättigt, atemlos, hochemotional.

Anders als die »harte« Meldung will und darf die Reportage erzählen. Das Sinnliche und Konkrete ist ihr wichtiger als die Abstraktion, aus der die Persönlichkeit verschwunden ist. Spannung und Verzögerung, szenische Verdichtung, der Wechsel von Erzählzeiten und Schauplätzen, von Perspektiven und Charakteren, Zoom und Totale, Vorder- und Hintergrund, Bewegung und Statik, die Anschaulichkeit der Begriffe, die Komposition der handlungstragenden Teile, die Schnitte, die Synergie von Bild, Ton und Wort – all diese aus Literatur und Film übernommenen Gestaltungsmittel machen die Reportage zu einem kunstvollen journalistisch-literarischen Amalgam. Sie machen sie zu einer Kulturleistung.

Diese Form ist von den Verständlichkeitsmaximen Klarheit und Direktheit ebenso geprägt wie von Ordnung (der »roter Faden« im Aufbau) und Stimulanzen unterschiedlichster Art. Und sie ist – verführerisch. Denn was beim Lesen hinreißend wirken kann, kann ihre Urheber hineinreißen in Effekthascherei, in kunsthandwerkliche Routiniertheit, ja in Fälschungen. Der Erzählanspruch wird dann wichtiger als der Wahrheitsanspruch, auf Korrektheit kommt es nicht mehr so an, solange sich das Ganze gut liest. Die Mediengeschichte ist voll von Reportagen, die sprachlich gleißten und in den Fakten entgleisten, täuschten und verführten. Die erfundenen Reportagen des *Spiegel*-Autors Claas Relotius 2019 sind noch in unguter Erinnerung. Nicht dass er gestalterische Möglichkeiten ausreizte, war Relotius vorzuwerfen. Auch der Einsatz von fiktiven Elementen war und ist nicht grundsätzlich verwerflich. Sie sind in Reportagen (auch wenn das in Lehrbüchern anders steht) keineswegs immer zu vermeiden; selbst Egon Erwin Kisch sprach davon, dass »logische Phantasie« als Scharnier oder Überbrückung zum notwendigen Hilfsmittel wird, wenn sich im faktischen Gerüst der Reportage Lücken ergeben. Verwerflich aber war und ist die *absichtsvolle* Täuschung. Verwerflich ist, wenn Autoren wie Relotius nicht klar machen, ja bewusst verschweigen, was sie bloß erdacht haben, um die Form zu wahren. Wenn Zitate, Handlungsmotive, namentlich genannte Figuren ohne klärendes Wort einfach nur erfunden sind. Wenn der Effekt zum Betrug wird, weil die »Story« sich gut verkauft.

Vielleicht sprechen Journalisten überhaupt viel zu oft von der »Story« und seit einigen Jahren von »Storytelling«. Von jeher, es ist wahr, wollen sie »Geschichten erzählen«. Doch das deutsche Wort *Geschichte* macht immerhin den Bezug zu *Geschehen* deutlich, und darum sollte es im Journalismus bei aller auch notwendigen Fiktion vorrangig gehen. Der englische Begriff *Story* dagegen klingt in unseren Ohren mehr nach der Konstruktion eines Plots in Roman oder Film. Und so wäre es wohl besser, mit dem Leipziger Kommunikationswissenschaftler Werner Früh zu unterscheiden zwischen *journalistischer Narration*, die auf einer authentischen Darstellung (und einer langen Tradition) beruht, und *Storytelling*, das sich von der korrekten und authentischen Darstellung eines Geschehens entfernt – ein »konstruiertes und inszeniertes, uneigentliches Geschichtenerzählen«, wie Früh schreibt.

Ob sich Storytelling auf den Informationstransfer günstig auswirkt, konnten empirische Studien weltweit bislang nicht nachweisen. Zumindest sind die Forschungsergebnisse sehr uneinheitlich. Gleichwohl ist der Begriff zum Mantra der Medienwelt geworden. Digitales Storytelling, crossmediales Storytelling, transmediales Storytelling – das erscheint als Journalismus der Zukunft. Im Zeitalter der »Viralität« oder der »Shareability« in den Sozialen Medien werden mehr Helden, mehr Konflikte, noch mehr Emotionen in der Informationsvermittlung verlangt. Und das nicht nur im Journalismus: Im Wissensmanagement und im Bildungswesen setzt man auf Storytelling, in der Unternehmenskommunikation, im Marketing, im Personalwesen, in Mitarbeiterführung und Werbung – überall ist Storytelling das neue Zauberwort, und auf dem Buchmarkt erscheint ein Ratgeber dazu nach dem anderen.

Wenn Storytelling aber die Grenzen zwischen interessengebundener und unabhängiger Kommunikation, zwischen Persuasion und Information einreißt und in der Mitte eine große Schnittmenge entsteht, dann ist Vorsicht geboten. Und wenn Storytelling im Journalismus zu einer bloßen Präsentationsmasche für die Erhöhung von Quoten und Likes wird, dann stimmt etwas nicht mehr.

Wenn damit allerdings nichts anderes als Anschaulichkeit, Plastizität, Lebensnähe der Sprache gemeint ist, wenn damit gemeint ist, dass Kommunikation Menschen packen und im Innersten erreichen soll, beinhaltet der Begriff wenig Neues. Er gießt alten Wein in neue Schläuche. Alter Wein wiederum ist wertvoll. Der »alte« Journalismus darf sich etwas darauf zugute halten, ihn gerade in der Kunst der Reportage – oder genauer: in ihren gelungenen Formen – auch für die Medienzukunft konserviert zu haben.

Diese Zukunft wird zunehmend von Multimedialität und Interaktivität geprägt sein. Die Erweiterung sowohl der Ästhetik (Filme, Audio-Slideshows, Grafiken usw.) als auch der Informationsmöglichkeiten (Verlinkung) sowie die Freiheit der Nutzer, einer selbstbestimmten Dramaturgie zu folgen, lässt viele auf die Onlinereportage schwören. Die Kommunikationswissenschaftler/innen Alexander Godulla und Cornelia Wolf unterscheiden dabei zwischen »Scrolly-Reportagen«, »Webdokumentationen« und »Selektiven Multimediastorys«.

Sie alle aber leben weiterhin (auch) von der Kraft der Sprache.

Das Interview

Ist es ein Kind der Französischen Revolution und der neuen Pressefreiheit? Im Dezember 1789 veröffentlicht Antoine Joseph Gorsas im republikanischen *Courier de Versailles à Paris* die Ergebnisse seines Gespräches mit dem Soldaten Mamour, der als Wache in den Tuilerien ein Attentat auf den König verhindert haben will. Die Fragen Gorsas' erscheinen in der Zeitung noch indirekt, die Antworten Mamours aber in direkter Rede. Das könnte der Ursprung des modernen Interviews sein. Erst ein halbes Jahrhundert später greift der Gerichtsreporter James G. Bennett zu einem ähnlichen Recherche- und Dokumentationsverfahren. 1836 lässt er im New Yorker *Herald* mit den Antworten auch seine Fragen an die Kronzeugin eines Mordprozesses abdrucken – das Wort-für-Wort-Interview war in der Welt. Die Massenpresse der USA griff die Methode dankbar auf. Heute ist sie in allen Medien und in allen Qualitätsabstufungen präsent.

Dokumentation im Wortlaut und Transparenz des Rechercheweges zugleich, Freiheit der authentischen Rede – man mag das Dialog-Interview als besonders demokratische und unverfälschte, eine besonders wahrheitsgetreue Form der journalistischen Informationsübermittlung sehen. Und als eine Form überdies, die Schreiberinnen und Schreibern wenig Sprachaufwand abverlangt. Das freilich ist ein Irrtum – wie auch die Vorstellung, die Sprache dieser Form sei »echt« und unmittelbar. Kein Interview gibt einen »natürlichen« Dialog wieder. Der Interviewer steuert prinzipiell den Gesprächsverlauf, er kann dabei auch verblüffen, überrumpeln, einschüchtern, erwünschte Antworten suggerieren. Schon die Anwesenheit von Kamera und Mikrofon nimmt Einfluss auf Habitus, Aussage und die Freiheit der Wortwahl. Dies alles macht das Gespräch zur Inszenierung.

Und die Interviewten inszenieren kräftig mit. Referenten und Pressesprecher von Prominenten achten auf die Dauer des Gesprächs, auf die Zahl der Fragen, auf »No-Gos«; nicht selten sitzen sie beim Interview im Hintergrund dabei. Politiker ebenso wie Führungskräfte der Wirtschaft oder Künstler bestehen häufig darauf, die Fragen vorher zugeschickt zu bekommen, oder lassen sich nur auf schriftliche Antworten ein, sodass ein *entrevue* gar nicht erst zustande kommt. Bei der Autorisierung des Interviews vor der Publikation greifen sie oder ihre Referenten dann noch einmal ein, streichen, schreiben um, mildern Aussagen ab, ändern die Wortwahl – so wie Journalistinnen und Journalisten bei der Textbearbeitung auch nachträglich ihre Fragen verändern können.

Und doch ist das gute Interview ein bemerkenswertes Kulturerzeugnis – wenn die Gesprächsführung trotz aller Inszenierung fair, offen, interessiert und unbestechlich bleibt (weshalb die Sozialwissenschaft diese Methode dann auch vom Journalismus übernommen hat). Wenn Journalistinnen und Journalisten der Versuchung von Manipulation, Voyeurismus und Selbstdarstellung widerstehen und nicht nur am quotentauglichen Talk interessiert sind. Und wenn sie am Ethos einer klaren, verständlichen Sprache festhalten.

Was das geschriebene Interview angeht, so gibt es wohl keine Textform, deren Herstellung vergleichbar viel sprachliche Anstrengung erfordert. Der Grund dafür ist einfach. Jeder, der den Mitschnitt eines Gesprächs abschreibt, wird darüber erschrecken, wie ungeordnet, unklar und oberflächlich, wie redundant oder auch widersprüchlich mündliche Aussagen sein können. Der folgende Interviewausschnitt, in dem es um Musikvermittlung geht, mag dies vor Augen führen. Exakt transkribiert und nur um Satzzeichen ergänzt, lautet der Text:

»*Frage:* Wie ist da dein Eindruck, spielt das in der Branche, äh, eine zu große oder 'ne zu kleine Rolle, die Vermittlung?
Antwort: In jewisse Richtungen eine zu kleine, mhm, aber in viele Richtungen auch 'ne zu große, find ick [hustet], man traut die Leute

vielleicht auch zu wenig zu, verbiegt sich zu viel, man kommt den Leuten einfach manchmal zu weit [Pause] und tut ihnen, äh, vielleicht nicht unbedingt 'nen Gefallen damit, ne. Ich finde, man muss oft auch mehr wagen, die Leute zu konfrontieren mit der Musik, ohne Angst zu haben, det sie es nicht gleich verstehen. Det is meine Meinung. [Handy klingelt] Tschuldigung [lacht, nimmt Gespräch an].«

Um solch einen Dialog lesbar zu machen, braucht es den Eingriff in die Wirklichkeit des Gesagten und in die Form: Redigieren heißt hier Passagen umstellen, kürzen, streichen, nachträglich Ergänzungen einfügen, Bezüge herstellen oder die Wortwahl verändern. Das Ergebnis, zur Autorisierung dem Gesprächspartner vorgelegt, könnte etwa so lauten:

»***Frage:*** *Spielt die Vermittlung von Musik in der Branche eine zu große oder eine zu kleine Rolle?*
Antwort: *Oft achten wir sicher noch zu wenig darauf, Musik dem Publikum nahezubringen. Andererseits trauen wir den Menschen aber auch zu wenig zu und kommen ihnen mit Erklärungen manchmal zu weit entgegen. Damit tut man ihnen auch keinen Gefallen.*
Frage: *Also darf man dem Publikum ruhig mehr zumuten?*
Antwort: *Ja, man muss die Menschen auch einmal mit Musik konfrontieren, ohne ständig Angst zu haben, sie könnten sie nicht verstehen.*«

Was »Wort für Wort« veröffentlicht wird, hat in seiner äußeren Gestalt mit »Wörtlichkeit« also nicht mehr viel zu tun. Aber es ist Ausdruck der journalistischen Leistung, die Welt mit Sprache verständlich zu machen. Es ist ein »Kunstprodukt«, wie Wolf Schneider und Paul-Josef Raue in einem journalistischen Handbuch schreiben.

Eigenarten in Ressorts und Medientypen

So wie der Journalismus ein Subsystem der Gesellschaft ist, hat er im Laufe seiner Professionalisierung mit den Ressorts selbst Subsysteme hervorgebracht, die sprachliche Besonderheiten aufweisen. Diese Besonderheiten müssen keineswegs einheitlich sein. Auch hierfür drei ausgewählte Beispiele.

Kulturjournalismus

Die Sprache im Kulturjournalismus, der sehr verschiedene Wissensgebiete wie Musik oder Film, Belletristik oder Religion abdecken muss, zeichnet sich im Gegenteil durch Vielfalt und Uneinheitlichkeit aus. In keinem Ressort kommen die Individualität der Autoren (darunter häufig Schriftsteller) und ein besonderer »feuilletonistischer« Formulierungsehrgeiz so zum Tragen wie hier. Er reicht von Raffinement und Witz bis zu Phrasenhaftigkeit, Abstraktion, Dünkel und Imponiergehabe.

Dennoch fallen einige Charakteristika der Sprache im Kulturjournalismus ins Auge. Dazu gehört der Rückgriff auf Fachbegriffe und Insiderjargon (»sequenzierende Tonfolgen«, »pikareske Prosa«). Dazu gehört auch, gern in Überschriften, der gehäufte Einsatz rhetorischer Figuren wie Metapher, Wortspiel, Alliteration, Sentenz oder Ironie. Das klingt mal mehr originell und mal weniger (»Null Bock auf Rock«, »Paläste, Pesto, Paganini«). Es kann durch Anspielungen auf berühmte Zitate oder Titel (»Toupet oder not Toupet«, »Von Mäusen und Männchen«) amüsieren und zugleich vom Verständnis ausschließen. Es kann aber auch sinnlich gefallen und das Verstehen stimulieren (»ein zwitscherndes Violinsolo«).

Feuilletonisten neigen zu Neologismen, oft in der Form von Komposita (»Depresso-Scheibe«). Immer wieder ein Qualitätsurteil schuldig, neigen sie vor allem dazu, mit rasch hingeworfenen Wertwörtern zu zahlen. Hierzu gehören Nomen (»Kleinod«, »Köstlichkeit«) und Adjektiva (»brillant«, »überzeugend«, »glanzvoll«, »fabelhaft«, »blass«, »schwülstig«). Dabei überwiegen – wie die Forschung zeigt – die positiven und hyperbolischen Attribute bei Weitem, so dass sich mancher Kulturbeitrag ungewollt wie ein PR-Beitrag liest oder anhört. Rasch hingeworfen ist das, weil es genau jene Aufgabe nicht bewältigt, die Kulturkritik eigentlich bewältigen sollte: nämlich nachvollziehbar zu machen, wodurch ein Eindruck entsteht. Stattdessen verwässern und verwischen die Wertwörter des Sinnliche, lösen es in einer Phrase auf, die bedeutsam klingt und doch nichts anderes ausdrückt, als dass es dem Kritiker irgendwie gefallen hat (»beeindruckendes Miteinander von Form und Fläche«).

Jeder kennt als Feuilletonleser schließlich jene Sprachfloskel, die Kurt Tucholsky den »snobistischen Superlativ« nannte. Da erheben Kritikerinnen und Kritiker etwa einen Roman zur Bestleistung der Saison, so als hätten sie selbstverständlich alle anderen abertausend Romane der Saison auch gelesen und könnten deshalb ernsthaft vergleichen. Zugleich spüren sie aber, dass sie den Mund zu voll genommen haben, und nehmen die Absolutheit des Superlativs mit diskreter Schamröte und unbestimmtem Artikel wieder zurück ins Irgendwie. Und so preisen sie dann »*einen der besten* Romane des Bücherherbstes« an.

Viel Kritik ist möglich an der Sprache im Kulturteil. Gelingt es allerdings, die Schönheit eines Gedankens, die Assoziationskraft von Farben, die Gefühle, die Musik freisetzt, so plastisch, so lebensnah, ernsthaft oder humorvoll, so anrührend wie erklärend neu in Worte zu fassen und zu übersetzen, dann kann die Sprache des Feuilletons Höchstleistungen erbringen. Qualitätsmedien sind voll davon – und die großen Prosaisten der Journalismusgeschichte haben bleibende Muster vorgelegt, ob Lessing, Heine oder Fontane, ob Tucholsky, Karl Kraus, Joseph Roth oder Gabriele Tergit. Theaterreportagen, die mit dem Bühnengeschehen mitfiebern lassen, ironisch schwingende Literaturglossen, verblüffend hellsichtige Essays zur Zeit ohne prätentiösen Begriffsballast und Eindruckschinderei widerlegen täglich die Behauptung, in Medien verkomme die Sprache. Das gilt selbst für die vielgescholtene Musikkritik. Dabei hat sie es am schwersten, muss sie doch etwas über das Unsagbare der Töne sagen und zwischen der »Skylla« der Metaphern und der »Charybdis« von Fachbegriffen ihren Weg zu finden, wie der Kritiker Wolfgang Fuhrmann schrieb.

Ist die Sprache im Kulturjournalismus schwer verständlich? Mehrere Studien zur Musik-, aber auch zur Literaturkritik kommen zu diesem Ergebnis. Die Ursache könnte nicht nur im Bildungsjargon und seiner Terminologie liegen. Möglicherweise überwürzen Kulturjournalisten – in dem Bestreben, es besonders gut zu machen – ihre Texte auch mit jenen rhetorischen Stimulanzen, von denen die Verständlichkeitsforschung eine Prise, aber keine volle Ladung empfiehlt.

Wirtschaftsjournalismus

Lange hinkte der Wirtschaftsjournalismus anderen Ressorts hinterher bei dem Bemühen, lesernah und leicht zu schreiben. Willfährig, so kritisierte man immer wieder, bediene er im Jargon der Makler und Manager die Interessen einer kapitalträchtigen Elite. Interessen, die sich freilich sprachlich nicht zu erkennen geben, sondern hinter Formeln verstecken. Da »reagiert der Markt«, »Preise ziehen an«, »Aktien notieren leichter« oder »tendieren fest« – ein scheinbar subjekt- und interesseloses Geschehen, das sich auch in Passivkonstruktionen und reflexive Verben einhüllt (»die Zahl der Arbeitslosen hat sich erhöht« statt »Menschen haben ihren Arbeitsplatz verloren«). Termini verwehren Außenstehenden Einsicht (»Zinsnegativsaldo«, »Tender«, »Umlaufrendite«).

Und Metaphern aus den Wortfeldern Körper und Gesundheit (»Jugendarbeitslosigkeit nimmt kräftig zu«, »Kapitalspritze«), Kampf (»Samsung erobert Europa«, »Steuerpläne unter Beschuss«) oder Natur und Wetter (»Kündigungswelle«, »Dollar im Aufwind«) lassen Wirtschaft wie einen natürlichen oder schicksalhaften Prozess erscheinen. Irgendwie kommt dieses Geschehen über die Welt, ohne dass es da Menschen gibt, die gewinnen, und Menschen, die verlieren.

Dieses ideologische Narrativ ist nicht vollständig aus den Wirtschaftsberichten verschwunden. Immer noch wirken sie vielfach formelhaft, verschlüsselt und in ihrer Syntax verschlossen. Immer noch übernehmen Journalistinnen und Journalisten Metaphern wie »Unternehmen rutschen in die Verlustzone«. Immer noch sprechen sie von »Patient«, »gesundschrumpfen«, »Steuerflüchtling« oder »Hilfspaket«, obwohl Forschungen von US-Psychologen gezeigt haben, wie leicht sich Menschen von solchen und ähnlichen Sprachbildern politisch beeinflussen lassen. Aber der Anteil solcher Wendungen und Ausdrucksformen ist in den vergangenen Jahren deutlich geringer geworden und hat sich vor allem in die Finanz- und Börsenberichte zurückgezogen.

Auf Wirtschaftsseiten, in Wirtschaftssendungen und -blogs haben sich zugleich deutlich mehr soziale und Umweltthemen etabliert. Aus abstrakten Vorgängen sind konkrete Vorgänge geworden, die im Alltag von Verbrauchern Auswirkungen und Bedeutung haben. Wirtschaftsjournalismus ist – eine Folge auch gesellschaftlichen Umdenkens – zum großen Teil Verbraucher- und Nutzwertjournalismus geworden. Das hat mehr Formenvielfalt mit sich gebracht, mehr Reportagen und Porträts statt Bilanzpressekonferenz-Berichte. Kleine Kästen dienen der Erklärung von Fachbegriffen; Links zeigen Wege zu Hintergründen auf. Die Sprache insgesamt ist abwechslungsreicher und direkter geworden und hat sich alltagstauglich entspannt. Sie spricht Leserinnen, Hörer und Zuschauerinnen besser an, wie in diesem Beispiel:

»Und so müssen Sie handeln:
- *Sie haben Konten, Sparbriefe, Depots nur bei einer einzigen Bank:* Auf dem ›Freistellungsauftrag‹ kreuzen Sie dann Ihren persönlichen Freibetrag an, unterschreiben das Formular und geben es bei Ihrer Bank ab.
- *Sie haben Konten, Sparbriefe, Investmentfonds, Depots bei mehreren Banken:* Dann müssen Sie ein wenig rechnen. Zunächst stellen Sie fest, wie viel Zinsen Sie in etwa bei welcher Bank erhalten. Dabei helfen Ihnen ...«

Diese Schreibart hat Erfolg. Das Wirtschaftsressort der Zeitungen – einst in der Lesergunst ganz hinten – hat nach Infratest-Daten von den 60er bis zu den 90er Jahren kontinuierlich an regelmäßigen Nutzern hinzugewonnen. Seitdem ist »Wirtschaft« auch in zahllosen Verbrauchermagazinen off- und online präsent. Verschlecherung der Sprache? Offensichtlich nicht.

Sportjournalismus

Wissen Sie, was ein »Flügelflitzer« ist? Oder wer der »Flankengott vom Kohlenpott« war? Dann interessieren Sie sich wahrscheinlich für Sportjournalismus. Vielleicht gehören Sie aber auch zu seinen Verächtern, denn die sind zahlreich. Und die Sportjournalisten machen es ihnen mitunter leicht. Laut und aufdringlich können sie sein, sich pathetisch spreizen und nach Effekten haschen. Sie neigen zu Heldenverehrung und zu schiefen Bildern. Sie wollen hochtrabend sein und dennoch volkstümlich. Sie greifen immer wieder zu denselben Metaphern aus den Wortfeldern Kampf und Krieg (»Abwehrschlacht«, »letzte Reserven mobilisieren«), Jagd (»Aufholjagd«, »im Netz zappeln«), Erregung (»Zitterpartie«, »Angstgegner«) oder Magie und Mysterium (»Hexenkessel«,

»traumhaft«). Sie greifen, nicht anders übrigens als die Feuilletonkollegen nebenan, gern zu bequem raffenden Attributen ohne viel Aussagekraft (»Grundlinienspiel vom Feinsten«), zu Formeln und Floskeln (»unter tatkräftiger Hilfe des Gegners«, »mit angezogener Handbremse«). Und natürlich mögen Sie den Superlativ in allen Varianten (»Pokal-Knaller«, »Super-Biathlon«, »einer der besten Boxkämpfe seit Langem«).

Und doch sei eine Lanze gebrochen für die Sprache im Sportjournalismus. Es ist ja leider wahr: Leistungssport, über den die Medien am liebsten berichten, ist Kampf und in den Mannschaftssportarten gar symbolischer Krieg (»Wir müssen Werder Bremen wegfegen und richtig niedermachen«, sagte einst Uli Hoeneß). Sport ist Politik, und die ist mitunter schmutzig. Sport ist ein großes Geschäft. Sport ist auch Betrug und Doping, und er wird von einer zum Teil fragwürdigen Fanszene begleitet. Professionelle Beobachter brauchen deshalb, wollen sie von diesen Hintergründen berichten, ein hohes Maß an Distanz zum Gegenstand. Sie brauchen eine Sprache der Kritik, der Analyse, der Kühle und der Ungebundenheit. Genau das aber ist nicht leicht für eine Spezies von Journalisten, die sich zu etwa 80 Prozent aus ehemaligen Wettkampfsportlern rekrutiert.

Und die Wettkämpfe auf der Bühne im Vordergrund sind eben auch Passion und Emotion, für die Beteiligten wie für das Publikum. Sie bedienen unser aller Bedürfnis nach Identifikation und Hingabe, nach Staunen, Spannung, nach Unterhaltung pur. Da kann es auch in den Sportberichten nicht ganz ohne Leidenschaft und Affekte, ohne Wir-Gefühl, ohne Superlative und ohne ein Metaphernreservoir gehen, das sich in seiner Schlichtheit seit Jahrtausenden in den Köpfen der Menschen aufgebaut hat.

Da ist dann eben auch der Grat zwischen Leidenschaft und Verführbarkeit sehr schmal und die Aufgabe der Journalisten sehr heikel. Wie heikel, hat in den 70er Jahren ein Experiment der amerikanischen Kommunikationswissenschaftler Comisky, Bryant und Zillmann gezeigt. Sie konfrontierten Testpersonen mit Video-Sequenzen aus Eishockeyspielen. In einer ging es recht rau zu, in der anderen gab es wenig Fouls. Der Kommentator aber kennzeichnete die Spielaktionen genau umgekehrt, das faire Spiel also als aggressiv, das aggressive als normal. Sahen die Textpersonen nur das Bild, dann schätzten sie das Spielgeschehen so ein, wie es tatsächlich war, rau oder fair. Hörten sie aber zum Bild den gegenläufigen Kommentar, dann passten sie sich der verzerrenden Sicht des Sprechers an: Normales Spielgeschehen kam ihnen rau vor, aggressives Spiel fiel ihnen dagegen nicht auf. Mehr noch: Das normale Spiel, das der Kommentator als aggressiv einstufte, empfanden die Videozuschauer als unterhaltsamer und angenehmer als das gleiche Video ohne Ton.

Worte sind mächtig. Zuschauer können gnadenlos sein. In aller Regel sind sich Sportjournalisten aber heute ihrer Verantwortung bewusst. Sie haben gelernt, in ihren Kommentaren Emotionalisierung und Persuasion zurückzunehmen. Die Kommentierung von Spielgeschehen ist nicht leidenschaftslos geworden, davon zeugen die vielen Superlative und Hyperbeln. Aber sie ist im Bekenntnis eigener Sympathien, im Anfeuern und Parteiergreifen doch zurückhaltender. Dass Spiel- und Wettkampfberichte das Publikum dennoch affektiv ansprechen und packen, hat seinen Grund in erster Linie in einer nachgerade vorbildlichen Syntax. Sportjournalismus ist trotz etlicher Fachbegriffe (was bei der Expertise seiner Nutzerinnen und Nutzer weniger ins Gewicht fallen dürfte) ein verständlicher Journalismus. Er zeichnet sich aus durch Eigenschaften, die Tendenzen der Gegenwartssprache zur Komplexität widerstehen und Tendenzen der Vereinfachung deutlich stützen (siehe Kapitel 3).

Das liegt in den Druck- wie in den elektronischen Medien vor allem an den Sätzen. Sie sind wie in der Umgangssprache eher kurz und dynamisch; Satzgirlanden und Schachtelsätze wird man hier schwerlich finden. Wenn Satzgefüge auftauchen, bleiben sie einfach. Umständliche Satzgliedketten mit vielen Präpositionen sind die Ausnahme. Ellipsen und Ausklammerungen lassen sich hingegen häufig finden. Die Syntax ist verbbetont und ausgesprochen aktivisch, also »täterbezogen«. Sie versteckt die Handlungsträger nicht in Passivformen. Frage- und Ausrufesätze beleben den Berichtstil. Es ist, als gelänge es dieser journalistischen Gattung, das Tempo, die Konzentration, den schnellen Rhythmus, die Spannung und Atemlosigkeit des Sportgeschehens in Sprache umzusetzen.

Amateurhaften Umgang mit Sprache kann man Sportjournalistinnen und -journalisten jedenfalls nicht so einfach unterstellen. Wenn Emil Dovifat, der als Vater der Zeitungswissenschaft in Deutschland gilt, einst glaubte, der Sportjournalismus verderbe die Zeitungssprache, so darf man ihm heute getrost widersprechen. Das gilt auch für die Geringschätzung von Sportkommentaren im Fernsehen. Der Münchner Kommunikationswissenschaftler Michael Schaffrath hat Live-Spielberichte bei der Fußballeuropameisterschaft 2016 auf Sprach- und Sprechqualität untersucht. Seine Inhaltsanalyse bestätigte zwar den häufigen Gebrauch von Floskeln und wenig originellen Metaphern wie auch die Neigung zum Superlativ. Sie zeigte aber zugleich: Füllwörter und Verzögerungslaute sind eher selten. Auch Grammatikfehler oder ein falscher Satzbau unterlaufen den Kommentatoren entgegen landläufigen Vorurteilen selten. Man muss dies als Sprachleistung anerkennen – angesichts der Herausforderung, ohne Skript und Teleprompter vor einem Millionenpublikum live sprechen und innerhalb weniger Sekunden auf Unvorhersehbares reagieren zu müssen.

An dieser Aufgabe würden wohl, so darf man vermuten, die meisten guten Schreiber und Sprachkritiker scheitern.

Medienspezifika

Eigenheiten, wie wir sie in den Ressortsprachen finden, weisen auch einzelne Druckmedien und ihre Onlineableger auf. Medien- und Sprachforscher wie Johannes Schwitalla, Erich Straßner, Hermann Burger und andere haben die Tendenzen dokumentiert. Eine ausgesprochen dynamische, aktive und einfache Syntax wie im Sportjournalismus findet sich in den Sätzen der *Bild*-Zeitung. Sie sind affektisch (»Endlich!«, »Danke, Scorpions!«) und rigoros verkürzt; im Durchschnitt haben sie fünf bis acht Wörter. Passiv ist selten, der Konjunktiv der indirekten Rede kommt so gut wie nicht vor. Lexikalisch fallen verknappende Komposita und immer wieder Superlative auf (»Mega-Party«). Umgangssprache sowie Wortfelder um die Kernbegriffe »Skandal«, »Unglück«, »Verbrechen« oder »Liebe« spielen eine große Rolle, wie auch rhetorische Figuren aller Art.

Die *Bild*-Redaktion arbeitet streng daran, Leserinnen und Leser sprachlich zu gewinnen. Ihr Bestreben, jegliche Komplexität aus den Texten zu beseitigen, dürfte allerdings eher an die von Werner Früh festgestellte Banalitätsgrenze heranreichen oder sogar darüber hinaus schießen (siehe den Anfang dieses Kapitels). Mitunter gelingen *Bild* in der verkürzenden Mobilisierung des »Wir«-Gefühls aber auch rhetorische Geniestreiche, wie die Überschrift »Wir sind Papst!« nach der Wahl Kardinal Ratzingers zum Bischof von Rom im April 2005.

Konzentrierte Arbeit mit Sprache muss man dem Boulevardblatt (wie anderen Boulevardmedien auch) zugutehalten. Freilich dienen Schnörkellosigkeit und Direktheit (vielleicht von den Sportseiten abgesehen) weniger dazu, sachliche Information packender zu übermitteln. Sie sind auch nicht in erster Linie Mittel, um den Kern von Ereignissen faktisch, knapp und umstandslos herauszuarbeiten, wie im Nachrichtenjournalismus. Sprache dient in *Bild* stattdessen immer wieder der kurz angebundenen Mobilisierung und Spekulation. Sie dient der moralisierenden Empörung und der Stimmungsmache gegen unliebsame politische und gesellschaftliche Entwicklungen. Da will man nicht mit langen Sätzen fackeln. Neben den Entrüstungsgestus des Ausrufezeichens tritt die suggestive Schuldzuweisung des Fragezeichens (»Stecken sie hinter den Krawallen?«), tritt die Behauptung, die das Publikum nur noch abzunicken braucht. Dieser gesellschaftlich wie journalistisch bedenkliche Mechanismus ist vielfach beschrieben und analysiert worden.

Eine *Bild*-Sprache entsteht so freilich nicht, ebenso wenig wie im Nachkriegsjournalismus eine *Spiegel*-Sprache entstanden ist. Erich Böhme, der ehemalige Chefredakteur des Nachrichtenmagazins, hat deren Existenz strikt verneint. Der *Spiegel* hat im Laufe seiner Geschichte zwar mehr oder weniger geschmackvolle Wortschöpfungen hervorgebracht, wie die Charakterisierung Helmut Kohls als »Birne« oder der politischen Gegenspieler Karl Schiller und Franz Josef Strauß als »Plisch und Plum«. Und nicht nur damit hat er auf die Trennung von Nachricht und Meinung verzichtet. Der Griff zu Ironie, zu Wortspielen und Archaismen (»das gülden verschnörkelte Gemach«) wirkte gelegentlich originell und vielfach manieriert. Amerikanismen häuften sich in der Geschichte des Magazins – die heute übliche Wendung »Es macht Sinn«, dem englischen »It makes sense« nachgebildet, dürfte das Hamburger Blatt in Deutschland verbreitet haben. Dennoch sieht die Forschung den Sprachgebrauch im *Spiegel* nicht als eigene Varietät an.

Zu erwähnen als Genre-Besonderheit sind das »*Spiegel*-Gespräch«, das im Duktus der Konfrontation ein Interview nicht selten wie ein Verhör erscheinen lässt – wobei die Redaktion allerdings hier wie im Heft insgesamt nie nur in eine politische Richtung austeilt. Und schließlich die *Spiegel*-Story, die stilistisch prägend sein soll. 1949 hielt dazu das sogenannte *Spiegel*-Statut als eine Art Vademecum unter anderem fest:

»Die Form, in der der *Spiegel* seinen Nachrichten-(Neuigkeits-)Gehalt interessant an den Leser heranträgt, ist die Story. Damit ist gemeint, dass der Bericht über ein aktuelles Geschehen in Aktion (Handlung) umgesetzt werden sollte. Der Leser soll dadurch den Eindruck gewinnen, dass er selbst bei dem Geschehen dabei ist, es in allen Phasen miterlebt. […] [Die Geschichten] sollten von dem oder den Menschen handeln, die etwas bewirken. Der Idealfall: An einer Person wird eine ganze Zeitströmung (das ganze jeweilige Geschehnis, der ganze Vorgang, die aktuelle Begebenheit) in ihren Hintergründen, Ursachen, Anlässen, bewegenden Momenten und Auswirkungen aufgezeigt.«

Das war ein Programm des »Storytelling« (siehe oben), bevor man diesen Begriff in Deutschland überhaupt kannte. Ob es wirklich immer als Richtschnur galt, ist allerdings fraglich. Im Januar 2020, nach der Affäre um die gefälschten Reportagen von Claas Relotius, formulierte die Redaktion dann neue »*Spiegel*-Standards« (nachzulesen im Internet). Darin heißt es erheblich vorsichtiger:

»Ein *Spiegel*-Text muss eine Idee und eine These haben, aber er darf keinen Spin haben, dem die Argumentation untergeordnet wird. Wir müssen Einwände zulassen, dürfen Störendes nicht weglassen, müssen gegenläufige Argumentationen anführen. […] Wir können eine Geschichte als Plot erzählen, also in Form einer besonderen Handlungsstruktur, die auf ein Erzählziel zusteuert. Dies darf allerdings nicht dazu führen, dass wir die Geschichte nur in eine Richtung schreiben und alles dem Plot unterordnen.«

Die *tageszeitung*, 1979 als alternatives Presseangebot nach dem Vorbild der französischen *Libération* gegründet, wollte in den ersten Jahren wie der *Spiegel* auf die Trennung von Nachricht und Meinung strikt verzichten. Zugleich suchte sie nach Wegen, die Sprache der Agenturberichte mit dem (linken) Jargon der Post-68-Bewegung und der Jugend- und Gruppenspra-

chen zu durchbrechen. Das reichte bis hin zu Vulgarismen
(»Aktion Arsch hoch«). Man experimentierte mit den Formen
sogenannter gendergerechter Sprache (»frau« oder »mensch«
statt »man«) und probiert bis heute verschiedene Schreibweisen aus, um die Gleichstellung von Männern und Frauen zu
betonen.

Im Laufe der Jahre hat sich die Zeitung aber sprachlich
an die Standards der anderen angepasst; Provozierendes und
Aufmüpfiges ist selten geworden, Agenturberichte haben ihren festen Platz. In manchen Überschriften blitzen jedoch
Andersartigkeit und Originalität sowie der Verzicht auf nachrichtliche Objektivität noch auf (»SPD deutlich über 5 Prozent«, nachdem die Sozialdemokraten 1995 bei der Wahl
in Berlin nur auf 23 Prozent kamen; »Danke Hoechst: Der
Rhein wird schmerzfrei«, 1996 nach einem Chemieunfall;
»Der schwäbische Turnschuh«, 2011 nach der Wahl Winfried
Kretschmanns zum baden-württembergischen Ministerpräsidenten, neben dem Foto eines schwarzen Lackschuhs).

Als der *Hörfunk* in Deutschland am 29. Oktober 1923
abends um acht Uhr ins Leben trat, erklang keine Nachricht, sondern ein Cello-Solo, gespielt von Herrn Kapellmeister Otto Urack. Das »Wunder des Radios«, dessen Direktoren aus Theater- und Opernhäusern kamen und deshalb bis
heute Intendanten heißen, galt vielen als Musik- und Kulturmedium. Vom »Atem Gottes« schrieb der *Vorwärts* damals
sogar hymnisch.

Journalistisch dagegen hielt sich das neue Medium erst
einmal zurück. Nachrichten las man bis 1926 einfach aus den
Zeitungen vor; Reportagen mit Ü-Wagen waren technisch
erst Ende der zwanziger Jahre möglich (wir erinnern uns an
Alfred Brauns Fußballübertragungen). Neben den anderen
schon aus der Presse bekannten Genres entwickelte der Hörfunk erst nach und nach eigene journalistische Formen, so
das Studiogespräch oder nach dem Zweiten Weltkrieg Magazinsendungen und Radiofeatures als Misch- und Montage-

lisch und syntaktisch weniger auseinander, als man vermuten könnte. Neben allgemeinen Konvergenzbewegungen (mehr Auflockerungen bei ARD und ZDF, mehr Bemühen um Seriosität bei den Privaten) dürfte der beiderseitige Rückgriff auf Agenturmeldungen der Grund sein. Allgemein durchgesetzt haben sich Bildfenster mit sprachlich unterstützenden Textzeilen sowie Kurzinterviews und Einspieler, die zur Veranschaulichung und der Klärung von Hintergründen beitragen sollen. Ein Grundproblem der Fernsehnachrichten besteht aber in der sogenannten Text-Bild-Schere: Sprachliche Information und visueller Inhalt können auseinanderklaffen, zu starke Bildreize lenken vom Text ab oder sagen sogar etwas anderes aus. Sie beeinträchtigen so das Verstehen. Selbst bei einem bloß in die Kamera gesprochenen Kommentar kann die kognitive Aufnahme des Gesagten von visuellen Eindrücken in Gesicht, Kleidung oder Habitus der sprechenden Person überlagert werden.

In nahezu allen Sendungen des Fernsehens ist das Bild der notwendige Informationsträger. Sogar klassische Informationssendungen, wie etwa Live-Reportagen aus einem Kriegsgebiet oder Sportübertragungen von einem Langstreckenlauf, können längere Zeit ohne sprachliche Erläuterung auskommen und den Kommentar völlig der Kamera überlassen. Nie aber kommt das Fernsehen ohne Bilder aus. In den vergangenen Jahrzehnten hat auch der Bildeinsatz in Nachrichtensendungen stetig zugenommen, wobei die Einstellungen und Schnitte kürzer geworden sind. Zunehmend gilt im Fernsehen: Was nicht (irgendwie) zu bebildern ist, ist auch keine Nachricht. Das aber begünstigt Text-Bild-Scheren und schmälert die Rolle der Sprache.

Das wohl einzige sprachlich akzentuierte Format, mit dem das Fernsehen die überlieferten Genres des Journalismus ergänzt hat, ist seit den siebziger Jahren die Talkshow. Sie besteht aus einer Mischung aus Gespräch, Interview und Selbstdarstellung prominenter Persönlichkeiten, in der es um gesellschaftliche Themen unterschiedlichster Art geht. Schon das Studiopublikum unterstreicht den »Unterhaltungsstil der Nähekommunikation« (Johannes Schwitalla). Auch hier spielt zwar die Inszenierung des Visuellen eine herausragende Rolle. Aber auch die sprachliche Palette ist breit. Standardsprache wird erweitert um und vermischt mit Fachsprachenjargon, Dialektelemente können ebenso hervortreten wie Gruppensprachen. Fangfragen, Provokationen, Schmeicheleien, Frotzeleien, Ironie bis hin zu verbalen Aggressionen bestimmen die Rhetorik. Der »hohe« Stil öffentlicher Diskussion vermengt sich mit dem »niederen« der privaten Alltags- und Umgangssprache in allen Varianten.

5. Exklusiv und emotional: Sprache im Internet

Die Hoffnungen waren groß, im Internet entstehe ein Medium, das die Menschen einander näher bringe und ihre kommunikativen Fähigkeiten voll entfalte. Die Erwartungen gingen und gehen allerdings auch mit der Sorge einher, das Bewusstsein für Normen und Formen des Kultur- und Schriftgutes Sprache schwinde. Beides ist erheblich zu relativieren. Das Internet zerstört die Formen der Standardschriftsprache nicht, sondern es erweitert sie, wenn auch mitunter in exklusivem Jargon. In seiner grafischen Vielfalt und seiner weltweiten Verbreitung ist der Versuch, mit Emojis die emotionale Dimension der Schriftsprache auszubauen, ein Phänomen. Emotionen können freilich auch hässlich sein. »Hate Speech« ist ein weiteres, ein abstoßendes Phänomen der Sprache im Internet.

Kurz nach der Jahrtausendwende sprach der britische Linguist und Kommunikationsforscher David Crystal von einer »Language Revolution«. Er meinte damit die Rolle des Englischen in einer globalisierten Welt, das weltweite Aussterben kleiner Sprachen, vor allem aber das, was er »Netspeak« nannte. Netspeak sei nicht wie gesprochene Sprache. In einem Chatroom etwa gebe es kein persönliches oder situatives Feedback, Antworten träfen mit zeitlicher Verzögerung ein, der Gesprächsrhythmus sei dadurch verlangsamt. Stimmliche oder mimische Eigenheiten seien nur mit grafischen Hilfs-

© Der/die Autor(en), exklusiv lizenziert durch
Springer Fachmedien Wiesbaden GmbH, ein Teil von Springer Nature 2020
G. Reus, *Sprache in den Medien*, Medienwissen kompakt,
https://doi.org/10.1007/978-3-658-00861-1_5

mitteln wie Großbuchstaben, Sternchen oder Smileys darzustellen.

Netspeak sei aber auch nicht wie geschriebene Sprache. Ein Satz im Netz sei nie endgültig, sondern immer wieder veränderbar. Auch das Verlinken breche die gewohnte Textstruktur auf; das Bewusstsein für Korrektheit im herkömmlichen Sinne erweise sich als gering (und es sei auch nicht zwangsläufig notwendig). Deshalb sei Sprache im Netz etwas ganz Eigenes: »a new medium«.

Eine neue Sprache also? Andere Forscher sind vorsichtiger mit dem Begriff der Revolution. Sie verweisen darauf, dass eine eigene Internetsprache schon deshalb nicht entstehe, da sich in den völlig unterschiedlichen Kommunikationsräumen im Netz keinerlei Systematik entwickeln könne. Chats, Blogs, SMS, WhatsApp oder Twitter-Nachrichten hätten sprachlich kaum Regelmäßigkeiten gemein. Es sei deshalb sinnvoller, statt von einer neuen Sprache von einem Wandel »textorientierter« Schreibpraktiken hin zum »diskursorientierten Schreiben« zu sprechen, so die Linguistin Konstanze Marx.

Normbewusstsein und neue Distinktion

Zerstört diese neue pragmatische Art des Diskurses im Netz kulturelle Traditionen und das Gespür für gewachsene Formen und Normen? Crystal zufolge erweitert ein flexibler Umgang mit Orthographie, Groß- und Kleinschreibung oder Interpunktion nachgerade die Ausdrucksmöglichkeiten der Sprache, so wie das jedes neue Medium bislang getan habe. Die Forschung hat für eine solche alles überspannende »Flexibilität« aber wenig Belege. In der bereits zitierten *forsa*-Umfrage von 2018 gaben über 90 Prozent der Befragten an, immer oder meistens auf Tippfehler und korrekte Grammatik zu achten, wenn sie digitale Textnachrichten oder Beiträge in

formen aus O-Tönen, Musik, Interview, Bericht und Moderation.

Die Moderation selbst wurde zu der wohl wichtigsten radiospezifischen Sprach- und Sprechform. Sie hält in der unmittelbaren Hinwendung zum Publikum das Fließprogramm zusammen, mit einem Mosaik unterschiedlichster Textformate, An- und Abkündigungen, Witzen, Kalauern, Zeitansagen, Telefoneinspielern, Meldungen, Klatsch und vielem mehr. Damit drang nicht nur die Umgangssprache in weite Teile des Programms vor. Frei gesprochen und nicht vom Blatt gelesen, veränderte die Moderation vor allem die Prosodie, also Intonation, Rhythmus oder Satzmelodie. Bildungssprache und Theaterpathos der frühen Radiojahre, die man heute noch in alten Aufnahmen hören kann, wichen einem entspannten, mal verhaltenen, mal munter-schrillen Duktus, wobei sich Jugendsprache, Gruppensprachen oder mitunter auch Dialekt in die Standardsprache mischten. Der Linguist Hans-Rüdiger Fluck fand hierfür den Begriff »Verbrauchersprache«.

Bei den Radionachrichten, bis heute in der Regel von Agenturen übernommen und vorgelesen, unterscheiden sich die Sender mitunter in Prosodie und Tempo, nicht so sehr jedoch in Lexik und Syntax. In der Regel sind Hörfunknachrichten seit der Einführung des dualen Rundfunksystems verständlicher geworden. Inhaltsanalysen aus den achtziger und neunziger Jahren in Hannover mit den Kategorien Werner Frühs (siehe den Anfang dieses Kapitels) zeigten zunächst in den Nachrichten des Privatsenders Radio ffn eine geringere Komplexität als in denen des NDR. Erweiterte Partizipien, Satzklammern, Satzgefüge und Satzverschachtelung waren im öffentlich-rechtlichen Sender noch deutlich häufiger. Einige Jahre später aber hatten sich beide Sender durch Vereinfachungen in der Nachrichtensprache des NDR bei den Meldungen einander angeglichen.

Auch in den Nachrichtensendungen des *Fernsehens* liegen die öffentlich-rechtlichen und die privaten Sender lexika-

sozialen Medien schrieben. Über 80 Prozent sagten, sie achteten immer oder meistens auf korrekte Groß- und Kleinschreibung sowie Interpunktion. Selbst bei den 14- bis 24-Jährigen waren es noch 70 bis 83 Prozent. Formen der höflichen Anrede oder Verabschiedung benutzen der Umfrage zufolge über 90 Prozent der Verfasser privater E-Mails und immerhin die Hälfte der Nutzer von SMS oder Messenger-Diensten. Eine Umfrage unter 490 Nutzerinnen und Nutzern digitaler Medien in der Schweiz ergab im Jahr 2019 ebenfalls, dass die Befragten über ein hohes sprachliches Normbewusstsein verfügen und formale Nachlässigkeit eher ablehnen. Überraschenderweise zeigte sich die jüngste Altersgruppe der unter 29-Jährigen am meisten geneigt, eigene Fehler in WhatsApp-Nachrichten zu korrigieren.

In einer etwas älteren Pilotstudie wollten die Münchner Kommunikationsforscher Wolfgang Schweiger und Hans-Bernd Brosius Ende der neunziger Jahre ermitteln, ob es einen messbaren Zusammenhang von häufiger Online-Nutzung und Schreibstil (Satzlänge, Komplexität, Lebendigkeit, Fehlerhaftigkeit etc.) gebe. Ergebnis: Gelegentliche und starke Online-Nutzer schrieben weder kürzere noch schlichtere Sätze oder nüchternere Texte. Sie machten aber sehr viel weniger Fehler als Offliner.

Sind also die Abweichungen der Sprache im Netz von der Standardsprache nur marginal? Das wiederum lässt sich auch nicht behaupten. Sprache im Internet hat das Zeichensystem unserer Kommunikation deutlich erweitert (wenn auch nicht grundsätzlich neu erfunden) – und ist dabei nicht nur auf Pragmatik, sondern durchaus auch auf Exklusivität und Originalität bedacht. Wer sich in diesem Zeichensystem nicht auskennt, steht rasch vor Zugangsbarrieren oder grenzt sich selbst aus den Interessengemeinschaften im Netz aus:

- Basisbegriffe (»Update«, »Podcast«, »downloaden«) haben sich zwar allgemein durchgesetzt; eine Fülle von Termini

bleibt aber nur Eingeweihten verständlich (»Geo-Tags«, »Clickbaiting«, »Double Data Rate«, »Edgelord« etc.).
- Gleiches gilt für Abkürzungen, die aus Anfangsbuchstaben bestehen, die sogenannten Akronyme (»AFAIK« für »as far as I know«, »BFF« für »best friends forever«)
- Auch Emoticons in Tweets und SMS-Nachrichten (»:-O«, »^^«, :)))))) bedürfen der Entschlüsselung.
- Verzicht auf Flexionsformen in sogenannten Inflektiven (»*mampf*«) oder bestimmte syntaktische Kurzformen (»bei mir net *wunder*«) stellen unerfahrene Teilnehmer eines Chatforums vor weniger Probleme als anglizistisch verklausulierte Wendungen (»I am easy« für »Ist mir egal«).

Dazu kommt noch eine Reihe weiterer Phänomene im Netz wie Tilgungen von Buchstaben (»heut nich«) und Verschmelzungen (»fahrn wir«), Satzellipsen, dialektale Einsprengsel, Lauthäufungen (»bittäääääää«) oder Emojis (siehe unten).

Kritikern dieser Entwicklung lässt sich entgegenhalten, dass fachsprachliche Begriffe, Abkürzungen, die entschlüsselt werden müssen und vielen verschlossen bleiben, Wörter aus der Jugendsprache, Tilgungen, Ellipsen, Mundartliches, das Spiel mit Lauten wie auch Inflektive (»mampf« entstammt der Comicsprache der Zeitschrift *Micky Maus*) die Entwicklung der Alltags- und Standardsprache stets begleitet haben. Selbst aus Satzzeichen und Buchstaben gebildete Gesichter, also Urformen von Emoticons, sind nicht neu; die *Deutsche Postzeitung* veröffentlichte bereits im Jahr 1896 dafür Beispiele. Der Wiener Lyriker Ernst Jandl und Autoren der sogenannten Konkreten Poesie haben schon vor Jahrzehnten mit Buchstaben- und Zeichengedichten experimentiert. Folglich lassen sich Eigenheiten in der Netzkommunikation durchaus als normale, zumindest als bekannte Phänomene im Ausdrucksbestand einer Sprache einordnen. Mit der weiteren Verbreitung des Internets in der Gesellschaft dürften sie allmählich auch einen Teil ihrer Fremdheit verlieren.

Gleichwohl können sie Distinktionsphänomene und deshalb der Kommunikation über Gruppengrenzen hinweg abträglich sein. So ergab die *forsa*-Studie, dass ältere Menschen mit bestimmten Abkürzungen der Netzwelt deutlich schlechter zurechtkommen als jüngere.

Mit der Bildsymbolik der Emojis sieht das etwas anders aus. Ende der neunziger Jahre in Japan entwickelt, tauchen sie in größerer Zahl um 2010 im Netz auf. Schon 2015 wurden über soziale Medien mehr als sechs Milliarden Emojis weltweit verschickt. In Deutschland benutzten 2018 laut *forsa* 95 Prozent der 14- bis 24-jährigen und noch 82 Prozent der 55- bis 60-jährigen Internetnutzer Emojis in ihren Textnachrichten. Die kleinen farbigen Piktogramme sind offenbar von allen Alters- und Bildungsgruppen angenommen worden. Zunächst waren sie grafische Übersetzungen von Emoticons: So hat der gelbe Smiley das Zeichen :-) abgelöst. Den kleinen Gesichtern folgten bald alle möglichen Minigrafiken: Tiere, Herzen, Küsse, Kleidungsstücke, Blumen, Gefühle, Häuser, Verkehrsmittel – Tausende Emojis, zum Teil auch animiert, lassen sich heute aus dem Netz herunterladen, um Textnachrichten zu ergänzen. Sie entstehen und verbreiten sich allerdings keineswegs »basisdemokratisch« wie neue Wörter; vielmehr entscheidet eine Handvoll von US-Computerunternehmen mit kommerziellem Kalkül, was zugelassen wird und was nicht.

Handelt es sich dennoch um eine neue Sprache? Nein, sagt der britische Kommunikationsforscher Vyvyan Evans. Oder besser: noch nicht. Emojis könnten keine Wörter und kein sprachliches System ersetzen. Sie bildeten einen Code, der vorläufig noch ohne Grammatik auskommen müsse und dennoch unsere Kommunikation verändere. Bis zu 70 Prozent unserer sozialen Kommunikationsformen, so schätzt Evans, seien non-verbal (Gesten, Mimik, Blicke, Prosodie etc.). Sie dienten dem Ausdruck von Gefühlen und Empathie. Eben diese emotionale Dimension führe der Gebrauch von Emojis umfassend und facettenreich in die Schriftsprache ein. Sie seien ein »unvermeidlicher Schritt« bei der Schließung einer Kommunikationslücke in der digitalen Welt. Wer sie benutze, sei der »effektivere«, der sozialere »Kommunikator«.

60 Prozent aller Emojis zeigen Gefühle, drei Viertel davon, so schätzt Evans, sind »happy faces« – eine Ausdrucksform der Freundlichkeit und Inklusion. Doch die Hoffnung auf ein völkerverbindendes, ein inklusives Internet, das die Menschen einander näher bringt und das Sozialverhalten verbessert, hat sich längst als vorschnell erwiesen. Es hilft nichts – das Internet kann eben auch ein Forum der sozialen Exklusion, mehr noch, es kann ein Forum der wütenden Konfrontation, der Beschimpfung, ja des Hasses sein.

Aggressiv statt partizipativ

Nicht nur in den sozialen Medien, sondern auch in den Online-Auftritten journalistischer Medien lassen sich Sprachhandlungsmuster beobachten, die erschreckend sind. So hat eine Fallstudie der Universität Innsbruck im Zusammenhang mit dem Andrang von Flüchtlingen an der österreichischen Grenze im Jahr 2015 die User-Kommentare auf Beiträge in den Internetausgaben der österreichischen Tageszeitungen *Der Standard* und *Kronen Zeitung* analysiert. Es zeigte sich, dass kein einziger Kommentar an die Verfasserin oder den Verfasser des jeweiligen Beitrages gerichtet war. In den Postings ging es gar nicht um Pressekritik, also um eine Auseinandersetzung mit der Qualität des Berichtes, sondern um die politische Kommentierung staatlicher Maßnahmen. Die österreichische Bundesregierung hatte beschlossen, einen Maschendrahtzaun an der Grenze zu Slowenien zu errichten.

In 85 Prozent der Fälle äußerten sich die Userinnen und User negativ zum Vorgehen der Regierung, das sie als zu unentschlossen und wirkungslos empfanden. Sie taten das nicht argumentativ, sondern überwiegend emotional zurückweisend, was sich in Beschimpfungen, Spott oder Diskreditierung von Politikern äußerte. Der Sprachstil war stark expressiv bzw. von mangelnder Sachlichkeit geprägt. In den Online-Kommentaren, so das Fazit der Studie, ging es nicht darum, Konsens herzustellen oder sich partizipativ an der Suche nach politischen Lösungen zu beteiligen. Es ging um Ablehnung und Dissens, angetrieben (so darf man vermuten) von einer weit verbreiteten Ausländerfeindlichkeit.

Wird die Sprache des Dissens noch aggressiver und hemmungsloser, so spricht man von »Hate Speech«. Das Internet erleichtert es wie kein anderes Medium, Einzelpersonen oder Gruppen im Schutz der Anonymität zu beleidigen und zu verunglimpfen (auch wenn die Gesetze mittlerweile verschärft wurden). Über das Mobbing und Niedermachen unliebsamer Personen in sozialen Netzwerken ist in den vergangenen Jahren immer wieder berichtet worden. Welche hochbrisanten politischen Dimensionen der Hass annehmen kann und welchen sprachlichen Unrat das Internet dann hochspült, hat die Berliner Linguistin Monika Schwarz-Friesel 2013 am Beispiel antisemitischer Äußerungen im World Wide Web dargestellt. Sie präsentierte Ergebnisse einer Langzeitstudie, die rund 14 000 E-Mails an den Zentralrat der Juden in Deutschland und an die Botschaft Israels in Berlin untersuchte, außerdem Texte in sozialen Netzwerken, in Internetforen, Chats, Blogs sowie Kommentare auf YouTube und den Kommentarseiten von Onlinezeitungen. Das Ergebnis ist niederschmetternd. Es lässt keinen anderen Schluss zu als den, dass sich antisemitische Äußerungen im Internet ungehemmt ausbreiten können, ohne auf ernsthaften Widerspruch der sogenannten Community zu stoßen. Antisemitismus sei zwar nach 1945 in Deutschland aus dem öffentlichen Sprachgebrauch (wenn auch nicht aus den Köpfen) verschwunden. Die im Netz weitgehend gegebene Anonymität aber habe mittlerweile das »Sagbarkeitsfeld« wieder geöffnet, schrieb Schwarz-Friesel.

Die Linguistin legte offen, wie rechtsextremistische Gruppierungen auf eigenen Websites oder mit Redebeiträgen in Chats und Foren unmittelbar an das Vokabular des Nationalsozialismus anknüpfen, wie da wieder von »nordischem Blut«, »Judenschwein« und »Rassenschande« gesprochen wird. Eine besonders verbreitete aktuelle Variante ist nach den Erkenntnissen der Forscherin aber der Anti-Israelismus, der – häufig im Stil seriöser Nachrichten und in der Verbreitung angeblicher Fakten – über die Kritik am Staat Israel alte Stereotype vom »kollektiven Juden« weitertransportiert. Dazu gehört zum Beispiel die Behauptung, Juden strebten nach Weltherrschaft, verbreiteten gezielt Lügen und ermordeten in Palästina Kinder. Über Sprache wird ein Täter-Opfer-Weltbild konstruiert, das immer wieder zu der Schlussfolgerung führen soll, der jüdische Staat sei das Übel schlechthin, im Nahen Osten und in der gesamten Welt.

Erschreckend ist nach den Ergebnissen der Studie, wie sich die Kritik am »skrupellosen jüdischen Staat« mit seiner »Apartheid«-Politik oder an der jüdischen Religion auch über Foren und Homepages verbreite, bei denen man eine ideologische Ausrichtung gar nicht vermutet. So zitiert sie einen Eintrag aus *studiVZ,* einer früheren Informationsplattform für Studenten: »Ich fange langsam an den Jüdischen glauben zu haSSen genauso wie die Menschen die diese abscheuliche religion und den zionismus gutheißen. SCHAMT EUCH VERDAMMT NOCHMAL!!!!!!!!!!!! IHR SEID ZU BESTIEN muTIERT!!!!!!! IHR SEID VIEL SCHLIMMER ALS DER NAZIABSCHAUM DEN IHR SO SEHR HASST!!!!«

Damit nicht genug. Wer weitere Beispiele für antisemitischen Hate Speech sucht, findet sie auch in der Mitte der Gesellschaft, in den Online-Kommentaren auf die Berichterstattung seriöser Medien. Vom »Juden-Dreck« schrieb ein Leser oder eine Leserin von *Spiegel online,* und in einem Leser-Kommentar in *sueddeutsche.de* hieß es: »Der Schrecken ist 70 Jahre her, es stehen genug mahnmale rum, die uns eine

Kollektivschuld suggerieren sollen. ich hab damit nichts zu tun, aber auch garnichts und hab's satt, von den J. ständig gesagt zu kriegen, was ich zu tun, zu denken, zu lassen und zu fühlen habe.«

Die Linguistin Schwarz-Friesel zieht aus den zahllosen Beispielen dieser Art die Schlussfolgerung, dass unter anderem die globale Vernetzung des Internets dazu geführt habe, eine »homogene Semantik des Hasses« zu verbreiten.

Enthemmt, voller Hass und inhuman – auch so kann Sprache in den Medien also sein. Das ist allerdings eher ein politisches als ein sprachliches Problem.

6. Kreativ und manipulativ: Sprache in Werbung und Propaganda

Medien können also auch zu Dissens in der Gesellschaft beitragen, sie können spalten und Menschen gegeneinander aufbringen. Ein ungutes, gefährliches Potential. Aber ist dann – umgekehrt – freundlicher Konsens ihre Aufgabe? Sollen sie die Welt schönreden? In den vergangenen Jahren kam die Forderung nach »positivem Journalismus« auf – ein pädagogischer Ansatz, der die Medien in der Pflicht sieht, mit den Nachrichten von gesellschaftlichen Problemen zugleich Lösungsansätze und Handlungsmöglichkeiten aufzuzeigen. Das freilich darf nicht zu Einseitigkeiten und einer »positiven« Verengung der Wahrnehmung führen. In diesem Kapitel geht es deshalb um Schön- und Schlechtfärberei, um gewollte und ungewollte Parteilichkeit im Sprach- und Medienalltag. In der Überformung und Überhöhung von Wirklichkeit kann sich allerdings auch ein souveräner und durchaus kreativer Umgang mit Sprache beweisen – wie die Werbekommunikation zeigt.

Unübersehbar hat es das Internet allen Menschen erleichtert, sich selbst gut zu präsentieren und öffentlich anzupreisen. Blogger gerieren sich als kleine Nachrichtenagenturen und werben für ihre Weltsicht. Influencerinnen bauen sich in den sozialen Netzwerken zu Vorbildern eines Lebens- und Konsumstiles auf, um ihn dann gut zu vermarkten. Aber auch jede andere eigene Homepage ist im Grunde eine Form der Selbstvermarktung, die dazu beitragen soll, sozial in einem

© Der/die Autor(en), exklusiv lizenziert durch
Springer Fachmedien Wiesbaden GmbH, ein Teil von Springer Nature 2020
G. Reus, *Sprache in den Medien*, Medienwissen kompakt,
https://doi.org/10.1007/978-3-658-00861-1_6

möglichst günstigen Licht zu erscheinen. Wissenschaftlerinnen und Wissenschaftler bilden da übrigens keine Ausnahme: Auch die Sachwalter objektiver Forschung verweisen im Netz gern auf ihre subjektive Bedeutsamkeit.

Vermutlich ist es eine menschliche Konstante, wenn wir uns aufwerten und das öffentliche Bild von uns sprachlich schön zeichnen wollen. So gelten wir lieber als »eloquent« denn als geschwätzig, wir wollen lieber »konsequent« als starrköpfig wirken, und wir sind lieber »Senioren« als Greise. Im Lebenslauf wird die zweiwöchige Schülerhospitanz in einer Redaktion verbal mal eben zur »redaktionellen Tätigkeit« aufpoliert, und der Hausmeister fühlt sich schon ein bisschen wichtiger, wenn er sich »Facility Manager«, der Friseur, wenn er sich »Hair Stylist« nennen kann.

Es kann aber auch angemessen sein, Urteile über das Handeln anderer diplomatisch freundlich einzufärben. Einem Übergewichtigen werden wir nicht ins Gesicht sagen, er sei fett; lieber nennen wir ihn »korpulent« oder »gut beieinander«. Obwohl ein Gespräch langweilig und oberflächlich war, danken wir höflich für den »interessanten« Gedankenaustausch, und wenn der Auftritt einer Nachwuchsmusikerin völlig misslingt, dann werden wir ihn nicht peinlich oder beschämend nennen, sondern »engagiert«.

Euphemismen können andere also auch schützen und eine Form der sozialen Rücksichtnahme bilden. Das ist auch im Sprachgebrauch der Medien mitunter durchaus angemessen. Stets müssen Journalisten ethisch abwägen, ob ihre Sprache sozial verantwortbar und direkt Betroffenen zuzumuten ist oder ob sie im Guten wie im Schlechten über die Wirklichkeit hinwegtäuscht und dem Grundauftrag der gesellschaftlichen Selbstbeobachtung nicht mehr gerecht wird.

Letzteres ist der Fall, wenn sich Sprache an die Sichtweise derer bindet, die doch eigentlich kritisch kontrolliert werden sollten. Sinnvoller als eine Sprachkritik, die von einem irgendwie gearteten Stilideal ausgehe, schreibt Dieter E. Zimmer, sei deshalb eine Kritik an den »psychosozialen Kräften«, die hinter dem Sprachwandel stehen. Zimmer verweist darauf, was Sprache »an unbemerkten Wertungen, an Vorentscheidungen, an Eitelkeiten, an Vertuschungen, an Lügen mit sich führt«.

Wenn etwa in der Metallindustrie »ein Streik droht«, dann übernehmen Journalisten mit dieser Formulierung klar die Position jener, für die ein Streik bedrohlich ist, also der Arbeitgeber, nicht aber die Position der Streikenden. Ob bei Protesten in der Türkei oder in Weißrussland, ob bei Straßenkämpfen in Beirut oder in Hongkong – immer wieder lesen und hören wir in den Nachrichten von »Spezialeinheiten«, die gegen Demonstranten vorgehen, oder – noch fragwürdiger – von »Sicherheitskräften«. Wessen Sicherheit aber schützen diese Kräfte? Wenn Pläne von Lobbyisten einen »Rückschlag erleiden«, ist das dann in der »Tagesschau«-Meldung faktisch formuliert, oder drückt sich darin nicht ein Bedauern, also eine Stellungnahme aus? Wessen Interessen werden bedient, wenn in Medien euphemistisch von »Marktbereinigung«, von »strukturellen Anpassungen«, von »Optimierung der Arbeitsabläufe« oder von »Vorratsdatenspeicherung« die Rede ist?

Hier beginnt das Grenzfeld zwischen unabhängiger Berichterstattung und Parteilichkeit – jenes Terrain, auf dem die öffentlichen Kontrolleure sich selbst Kritik gefallen lassen müssen. Parteilichkeit, die im nachrichtlichen Informationsangebot freier Medien eigentlich nicht vorkommen sollte, zeigt sich natürlich nicht nur in der Aufwertung, sondern auch in der sublimen Abwertung mithilfe von Begriffen. Der Leipziger Medienforscher Michael Haller hat in den Wende-Jahren 1990 bis 1992 mithilfe der ZDF-Datenbank sämtliche Meldungen der Nachrichtenagenturen afp, ap, ddp, rtr und dpa auf die Verwendung der Begriffe »Ossi/Wessi«, »Mauer«, »Altlasten« und »Abwicklung« untersucht. Er konnte nachweisen, dass diese Vokabeln im genannten Zeitraum von den Agenturen zunehmend metaphorisch benutzt wurden – für das Getrennt- und Anderssein von West und Ost und für den »Entsorgungsfall« der DDR-Vergangenheit. Haller sah darin ein »imperiales Verhalten« westdeutscher Medien und eine »Sprache der Selbstgerechten«.

1991 veröffentlichte der US-Forscher Robert Entman im *Journal of Communication* einen Aufsatz, in dem er nachwies, wie selbst die besten Medien der Vereinigten Staaten zu sprachlichen Färbemitteln greifen. Grundlage war die Berichterstattung über zwei vergleichbare Abschüsse von Verkehrsflugzeugen. Am 1. September 1983 hatte ein sowjetischer Abfangjäger eine Boeing 747 der Korean Air Lines zerstört. 269 Passagiere starben. Die Verkehrsmaschine war in der Nacht versehentlich in den sowjetischen Luftraum eingedrungen, und die Sowjets erklärten, sie hätten sie für ein Spionageflugzeug gehalten. Fünf Jahre später, am 3. Juli 1988, schoss der Kreuzer »USS Vincennes« auf einer Patrouille in iranischen Hoheitsgewässern einen iranischen Airbus ab. 290 Menschen starben. Die US-Regierung erklärte, sie habe das Verkehrsflugzeug für einen Jagdflieger gehalten, der auf das amerikanische Schiff hinunterstoßen wollte.

Beide Vorfälle beruhten schlicht auf Fehlern der jeweiligen Militärapparate. Da die Unglücke einander sehr glichen, konnte Entman die »contrasts in narratives« der US-Presse gut dokumentieren. So sprach die angesehene *New York Times* einen Tag nach dem Abschuss des koreanischen Verkehrsflugzeugs in einem Editorial von »Mord in der Luft«. Zur gleichen Formulierung griff auch *Newsweek* ein paar Tage später. Nach dem Abschuss der iranischen Maschine durch das eigene Militär schrieb die *New York Times* dagegen ebenfalls in einem Editorial: »Es war ein Unfall.« *Newsweek* titelte entschuldigend »Warum es geschah«.

Interessant nun die Wortwahl der amerikanischen Presse, die Entman herauspräparierte.

So charakterisierten die *Washington Post* und die *New York Times* das Vorgehen der Sowjets mit Attributen wie »kriminell«, »barbarisch«, »brutal«, »absichtlich«. »Unschuldige« und »geliebte Menschen« seien aus dem Leben gerissen worden. Der Abschuss durch die US-Militärs erschien in den beiden Blättern dagegen als »verständlich«, »tragisch«, ja »gerechtfertigt«.

War das Propaganda? Im Sinne einer Staatsdoktrin, der es um die Absicherung eines totalitären Systems geht, natürlich nicht (es wäre interessant, hierzu die sowjetische Presse von damals vergleichend heranzuziehen). Aber im Sinne einer Schönfärbung des »Eigenen« und einer Schlechtfärbung des »Anderen«: durchaus. Es war eine Grenzüberschreitung, die sich Medien als Selbstbeobachtungsinstanz einer offenen Gesellschaft nicht leisten dürfen.

»Moosweiches Gehen« – Sprache in der Werbung

Ältere Menschen benutzen mitunter noch den Begriff »Propaganda«, wenn sie einen Werbespot oder eine Anzeige meinen. Mit der Verbreitung doktrinärer Heilslehren hat moderne Produktwerbung natürlich wenig gemein. Aber ebenso natürlich greift auch sie zu den Farbtöpfen der Sprache, wenn es gilt, Waren oder Dienstleistungen anzupreisen. Werbung in den Medien, so die Münchner Kommunikationswissenschaftlerin Romy Fröhlich, ist – im Gegensatz zu Journalismus oder auch Öffentlichkeitsarbeit – nichts anderes als bezahlte Kommunikation. Interessengruppen bezahlen eine Menge Geld dafür, um nach dem Einsatz von Farbe und Pinsel mehr Geld zurückzuerhalten. Das macht kreativ und erfinderisch. Der Linguist Ulrich Schmitz nennt Werbung deshalb den »Kobold der Medien« – einen Geist, der gerne neckt und dabei in vielerlei Gestalt auftauchen und viele Gesichter annehmen kann.

Auch Sprache in der Werbung ist keine eigene Sprache. Auch sie kommt in den unterschiedlichsten Erscheinungsformen daher, die sich nicht als einheitliches System fassen und beschreiben lassen. Einige Auffälligkeiten stechen gleichwohl hervor. Schon auf der untersten Ebene, bei den Vokalen und Konsonanten, spielt die sprachliche Anmutung eine wichtige Rolle. Denn der Klang eines Markennamens, so sagen Werbepsychologen, erweckt bei Verbrauchern bestimmte Erwartungen. Der Einsatz vieler Vokale etwa verspreche Vitalität. Harte Konsonanten wie t oder p suggerierten Präzision und Technik (zum Beispiel bei Heimwerker-Utensilien), weiche Konsonanten wie w oder l wirkten dagegen eher angenehm, zart und freundlich (zum Beispiel bei Körperpflegemitten). Sogar Sinnesempfindungen wie sauer, süß oder salzig und damit die Vorstellung vom Geschmack bestimmter Lebensmittel glauben Konsumpsychologen mit den Lauten der Markennamen wecken zu können.

Häufig nutzen Werbestrategen Markennamen, die sich begrifflich aus behaupteten positiven Produkteigenschaften wie Reinheit, Natürlichkeit, Jugendlichkeit oder Frische zusammensetzen (»Vital Elektromobile«). Bei technischen, hygienischen oder medizinischen Produkten werden gerne Fantasiezahlen oder fantasiereich genutzte Wortteile aus der Wissenschaft und/oder dem Englischen beigesellt, die wenig bedeuten, aber viel in Aussicht stellen (»Revitalift Laser X3 LSF 20«).

Der Wortbildung vor allem durch Univerbierungen sind keine Grenzen gesetzt. Das von Nina Janich herausgegebene »Handbuch Werbekommunikation« bietet reichlich Anschauungsmaterial. Zu den Typika gehören demnach Determinativkomposita (»Fahrkomfort«, »Mobilitätsgarantie«), häufig in Verbindung mit Superlativen (»ultrazuverlässig«, »extraleicht«). Mehrteilige Bindestrichwörter (»Multi-Edelstahl-Mixaufsatz«) stehen neben appositionsähnlichen Fügungen (»Performance pur«). Gefühls- und Affektwörter erinnern an die Sprache im Sport- oder Boulevardjournalismus (»toll«, »superflach«, »wir«).

Auffällig sind außerdem bewusste Abweichungen von den Normen der Standardsprache. So führte etwa die Postbank unter dem Claim »Unterm Strich zähl ich« in Anzeigen Adjektiva wie »reiselust*ich*« oder »vielfält*ich*« auf; der Flughafen Hannover baute in einer Plakatserie das Wort »Air« gewollt orthographisch falsch in andere Wörter ein, z. B. in »fAIRnwärme«. Auch die Umdeutung von Wörtern (»Unabhängigkeitserklärung« in der Handywerbung) oder von Wendungen (»Alles Käse!« in der Käsewerbung, »Ihre Papiere, bitte!« auf Papierkörben) schafft Aufmerksamkeit durch Abwandlung und Abweichung von Normalität.

Eine typische Werbesyntax scheint es nicht zu geben; Slogans sind jedoch wie in der Nachrichtensprache knapp (»Ein Auto wie Papa: Er kann einfach alles«) und oft elliptisch (»Langstrecken auf Langstrecken«).

Man mag Werbung für aufdringlich und überflüssig, ihre Aussagen für hochstaplerisch und verschlagen halten. Aber man wird den Werbetextern nicht absprechen können, dass sie sich um Verständlichkeit und Eingängigkeit, um Klang und Variation bemühen und sich so auf einem schöpferischen Terrain bewegen. Wenn es von einem Schuh heißt, er sorge für »moosweiches Gehen«, so ist das eine konzentrierte, plastische, klanglich angenehme und dabei eingängige Metapher – nicht weniger kühn, dafür aber genauer als die Wortschöpfung eines Schriftstellers wie Peter Handke, der einst von »andersgelben Nudelnestern« schrieb.

Sprache in der Werbung ist keine Sprache der Aufklärung. Sie ringt nicht um die Herstellung von Öffentlichkeit und demokratische Partizipation, und sie vermittelt nur sehr bedingt Wirklichkeit, anders als der Journalismus, auf den wir im Vierten Kapitel dieses Buches die meiste Aufmerksamkeit verwandt haben. Sprache in der Werbung ist bezahlte Sprache. Sie kalkuliert ihre Wirkung. Sie ist berechnend, und Ihrer Verführung darf man sich aus gutem Grund kritisch verweigern.

Aber man muss am Ende des Rundblicks auf sprachliche Erscheinungsformen in den Massenmedien einräumen: In Ihren besten Beispielen und rein formalästhetisch betrachtet sind die sprachlichen Mittel der Werbung oft originell, bereichernd und rhetorisch kunstvoll. »Langstrecken auf Langstrecken. Die neue Condor Comfort Class«: Zwei Satzellipsen, rhythmisch aufeinander abgestimmt, parallel gesetzt außerdem zwei Alliterationen; dazu ein Wortspiel, das zugleich eine Anapher bildet – sechs rhetorische Figuren bei acht Wörtern. Das ist gekonnt.

»Wir lieben die einfachen, regionalen Spezialitäten. Zum Beispiel Schweizer Konten.« So wirbt eine badische Sektkellerei für ihr Produkt und zeigt im Bild ein Paar im teuren Pelz, das sich wie im 19. Jahrhundert in einem herrschaftlichen Schlitten durch eine schneebedeckte Bergwelt ziehen lässt. Besser kann man seine Klientel, kann man gesellschaftliche Gepflogenheiten, gesellschaftliche Realität und letztlich sich selbst als Anbieter nicht durch den Schnee der Ironie und Selbstironie ziehen. Das Beispiel zeigt, was raffinierte Werbung sprachlich vermag.

Man muss es anerkennen. Man muss den Sekt allerdings nicht kaufen.

7. Fazit und Ausblick

Unser Rundgang hat gezeigt, dass Sprache in den Medien viele Formen annehmen und manches bewirken kann; eines aber können Medien gewiss nicht: »die« Sprache insgesamt hinabziehen in die Untiefen der Kulturlosigkeit und des Verfalls. Selbst bei jungen Internetnutzern herrscht ein überraschendes Bewusstsein für die Notwendigkeit, Formenbestände und Regeln zu respektieren. Sprachliche Veränderungsprozesse sind allerdings ebenso natürlich wie unübersehbar. Doch haben sie (und das seit vielen Jahrhunderten) ihre Ursache nicht in den Medien, sondern in der Gesellschaft. Sprache ist nichts anderes als unser aller gesellschaftliches Handeln; sie lebt und entwickelt sich in sozialen Milieus und Subsystemen und bildet dort Systematiken und Eigenheiten (»Varietäten«) aus. Medien verbreiten sie und tragen sie in die Hochsprache hinein, aber sie sind nicht der Ursprung und auch nicht der entscheidende Motor des Wandels.

Zwei konträre und miteinander rivalisierende Trends weist dieser Wandel am Beginn des Jahrtausends im Großen und Ganzen auf: die Tendenz zur umgangssprachlichen Lockerung, Vereinfachung und Verkürzung in Syntax und Lexik einerseits; die Öffnung für fach- und fremdsprachliche Ein-

© Der/die Autor(en), exklusiv lizenziert durch
Springer Fachmedien Wiesbaden GmbH, ein Teil von Springer Nature 2020
G. Reus, *Sprache in den Medien*, Medienwissen kompakt,
https://doi.org/10.1007/978-3-658-00861-1_7

flüsse in der Lexik und die Komprimierung der Syntax andererseits. Vor allem diese zweite Tendenz ist der Grund dafür, warum gerade Kommunikatoren in den Massenmedien in ihrer Brückenfunktion die Sorge für Verständlichkeit obliegt. Wir haben gesehen, dass die Kommunikationsforschung dazu einige Erkenntnisse gesammelt hat. Wir haben ferner gesehen, wie Journalistinnen und Journalisten in einem jahrhundertelangen Prozess Präsentationsformen entwickelt haben, die als ureigene Kulturleistung das Verstehen erleichtern sollen. Die Ressorts der Informationsmedien und die einzelnen Medien selbst haben ebenfalls, wie (freilich in anderer Absicht) die Werbeszene auch, zu dieser Kulturleistung beigetragen.

Eine neue Sprache ist so aber nicht entstanden. Auch nicht im Internet, selbst wenn die Schriftsprache mit den Emoji-Piktogrammen um ein neuartig anmutendes, nonverbales Zeichensystem erweitert worden ist.

Wie wird die Entwicklung weitergehen? Das hängt entscheidend mit gesellschaftlichen Entwicklungen zusammen. Zu vermuten ist, dass der Trend zur »Freizeitgesellschaft« weiter anhalten und unser Alltagsverhalten, unsere Moden, unsere kulturellen Bedürfnisse, unseren Umgang miteinander und mit Autoritäten und letztlich auch unsere Sprache weiter verändern wird. Weitere grammatische Vereinfachungen und syntaktische Anpassungen könnten die Folge sein. Auf vielen Ebenen werden die meisten Menschen dies als eine Wohltat empfinden. Dabei könnten aber auch stilistische Grenzen porös werden oder sich verschieben. Das Wort »geil« ist in nur wenigen Jahrzehnten unter dem Einfluss der Jugend- und Umgangssprache vom Tabu- zum Allerweltswort geworden. Bei Parlamentsdebatten im Bundestag sind heute mitunter schon Vulgarismen zu hören, die in der steifen Rhetorik-Etikette der Adenauer-Ära noch undenkbar gewesen wären. Schrieb man früher in den Medien noch diskret »A...« oder »Sch...«, so wird man auch dort zunehmend ausschreiben und in den akustischen Medien aussprechen, was gemeint ist. Sprache in den Medien dürfte also an Direktheit, Unverblümtheit, vielleicht auch Schamlosigkeit, auf jeden Fall aber an Ungezwungenheit und Spontaneität noch zulegen. Je mehr sich in der Jeans- und Baseball-Cap-bewehrten Freizeitgesellschaft allerdings auch antidemokratische und illiberale Tendenzen festigen, je mehr Internetplattformen Raum für Ressentiments, Affektentladungen und Irrsinn aller Art bieten, werden sich die Grenzen des »Sagbaren« wohl auch weiter in eine ungute Richtung verschieben.

Ganz sicher nicht umkehrbar wird der Trend zu fach- und dabei vor allem englischsprachigen Anleihen im Bestand der Lexik sein. Das wird sich auch in den Massenmedien zunehmend niederschlagen, und es muss, bei steigendem Bildungsgrad und in einem mehr und mehr technisierten Alltag, die Bevölkerung nicht zwangsläufig vor unlösbare Probleme stellen. Die Verantwortung der Medien, diese enorme Ausweitung der Lexik erklärend und anschaulich zu begleiten, wird aber weiter anwachsen. Als professionelle Vermittlungsinstanz werden sie deshalb mehr denn je gebraucht, gerade weil der »klassische« Journalismus seine Deutungsmacht zunehmend mit den Informations- und Meinungskanälen im Internet teilen muss.

Letztere sind sehr stark von persönlichen Sichtweisen, Kommentaren und subjektiven Botschaften (Stichwort »Twitter«) gekennzeichnet. Gut möglich, dass sich auch der Journalismus in diesem medialen Konkurrenzkampf stärker von seiner Domäne einer strengen, sachlichen Nachrichtengebung weg- und auf die subjektive Ausdeutung der Welt (Stichwort »Narrativität« und »Storytelling«) zubewegen wird. Wichtig wird sein, dabei die Grenze zwischen authentischem und konstruiertem »Erzählen« zu wahren, zwischen Wahrheit und Wahrheitsversprechen, zwischen Engagement und Propaganda, zwischen dem Gemeinwohl gesellschaftlicher Selbstbeobachtung und Partikularinteressen.

Letztere vertritt die Werbung. Das ist ihr gutes Recht, und sie übt es sprachlich durchaus kreativ und ansprechend aus. Unter enormem Konkurrenzdruck stehend, wird sie ihre Sprachmittel vermutlich weiter raffinieren – eine Bereicherung, solange Absichten klar erkennbar sind und die Trennung von der Welt der Information strikt gewahrt bleibt. Dass dies oft nicht geschieht, zeigen Studien leider immer wieder, und es steht zu befürchten, dass die Versuche nicht abnehmen werden, werbliche Interessen in den Informationsjournalismus und in die dafür besonders anfälligen Plattformen des Internets hineinzutragen.

Kaum abzuschätzen ist, wie sich Sprache im Internet künftig gestalten wird. Zu rasant verläuft hier die technische Entwicklung. Die bislang wohl auffälligste Erweiterung sind die Piktogramme der Emojis. Wie sich dieses Zeichensystem weiterentwickeln wird, bleibt abzuwarten. Bislang funktioniert es erkennbar lediglich als Ergänzung. Vyvyan Evans zitiert in seinem Buch über den »Emoji Code« das Beispiel eines kleinen Textes aus dem *Wall Street Journal,* übersetzt in »Emoji«. Der erste Satz dieses Textes »I pride myself at being good at expressing myself in words and even video« (Ich bin stolz darauf, mich sprachlich und sogar per Video gut ausdrücken zu können) bestand aus fünf kleinen Piktogrammen: einer Frau mit erhobenem Arm, einem Smiley mit roten Wangen, einer Hand mit erhobenem Daumen, einem Bleistift, noch einer Hand mit erhobenem Daumen, einer Videokamera.

Schon dieses kleine Beispiel zeigt, dass es sich bei dem Versuch, Emojis zu Sätzen zu verketten, lediglich um eine Rebus-Spielerei handelt. Wer findig ist und viel Zeit hat, vermag vielleicht (mühsam) zu dechiffrieren, was gemeint ist. Aber an Genauigkeit, Unmittelbarkeit und Zuverlässigkeit unserer Sprache reicht der Emoji-»Satz« nicht im entferntesten heran.

Emojis grinsen unsere Sprache eben nicht weg. Sprache wird weiter gebraucht. Und »die Medien« sind ganz bestimmt nicht ihr Untergang.

Zum Weiterlesen

Ballstaedt, Steffen-Peter (2019). Sprachliche Kommunikation: Verstehen und Verständlichkeit. Tübingen: Narr Francke Attempto Verlag.
Diese umfassende Darstellung erläutert, theoretisch fundiert, praxisnah und anschaulich zugleich, wie sprachliche Kommunikationsprozesse ablaufen. Zentrale Gegenstände sind mündliche und schriftliche Verständigung, Verstehen und Verständlichkeit, grammatische und pragmatische Verständlichkeit sowie die Evaluation und Optimierung von Texten. Die umfassende Bibliographie ist auf dem neuesten Stand.

Biere, Bernd Ulrich/Henne, Helmut (Hrsg.) (1993). Sprache in den Medien nach 1945. Tübingen: Niemeyer.
Der Sammelband mit acht sprachwissenschaftlichen Aufsätzen, vor allem der einleitende Aufsatz von Johannes Schwitalla, verschafft einen soliden Überblick über verschiedene mediale Textsorten und ihren Wandel. Deutlich wird der durchgängige Trend weg von der »hohen« Sprache hin zu einem alltagssprachlichen und lässigen Stil.

Blasch, Lisa/Pfurtscheller, Daniel/Schröder, Thomas (Hrsg.) (2018). Schneller, bunter, leichter? Kommunikationsstile im medialen Wandel. Innsbruck: Innsbruck University Press.
Die meisten Beiträge dieses Sammelbandes gehen auf eine Tagung der Fachgruppe »Mediensprache – Mediendiskurse« der Deutschen Gesellschaft für Publizistik- und Kommunikationswissenschaft zurück. Gegenstand ist der ambivalente Charakter moderner Medienkommunikation im Online-Zeitalter.

Braun, Peter (1998). Tendenzen in der deutschen Gegenwartssprache. Sprachvarietäten (4. Aufl.). Stuttgart: Kohlhammer.
Zuverlässiges Einführungswerk für alle, die wissen wollen, wie sich Sprache grundsätzlich entwickelt. Der Sprachwissenschaftler der Uni Essen entfaltet mit vielen Belegen und gut nachvollziehbar das System der Sprachvarietäten, skizziert die Tendenzen in Satzbau und Wortschatz sowie sprachgeschichtliche Veränderungen nach 1945.

Bucher, Hans-Jürgen/Straßner, Erich (1991). Mediensprache – Medienkommunikation – Medienkritik. Tübingen: Narr.
Der darin enthaltene Beitrag von Erich Straßner verhilft zu einem raschen Überblick über die Sprache in verschiedenen Medientypen, die der Autor allerdings nicht ohne Voreingenommenheit »im Abwind« sieht.

Burger, Harald/Luginbühl, Martin (2014). Mediensprache. Eine Einführung in Sprache und Kommunikationsformen der Massenmedien (4. Aufl.). Berlin: de Gruyter.
Voluminöse Darstellung medienlinguistischer Aspekte, von Sprachgeschichte der Medien über Inter- und Intratextualität, Mündlichkeit und Schriftlichkeit, Textsorten, Text und Bild, regionale Besonderheiten bis hin zu Neuen Medien. Ein deut-

licher Schwerpunkt liegt auf Nachrichtensendungen in Hörfunk und Fernsehen sowie Moderation.

Evans, Vyvyan (2017). The Emoji Code. How Smiley Faces, Love Hearts und Thumbs Up are changing the Way We Communicate. London: O'Mara.
Interessante Darstellung zur Geschichte und Gegenwart der Emoji-Bilderwelt, die, so der britische Sprachforscher, zwar die Kommunikation nicht neu erfindet, sie aber im digitalen Zeitalter wesentlich um eine emotionale Dimension erweitert.

Fischer, Dietrich (1983). Von Börne bis Kraus: Auseinandersetzungen um die Zeitung und ihre Sprache. In: Publizistik, Band 28, Nr. 4, S. 525–546.
Guter Überblick über die (deutsche) Tradition der Kritik am »Zeitungsdeutsch«, mit Schwerpunkt auf dem 19. Jahrhundert. Deutlich wird: Diese Art von Sprachkritik ist untrennbar verbunden mit der »Verdammung des Journalismus schlechthin«.

Früh, Werner (1980). Lesen, Verstehen, Urteilen. Untersuchungen über den Zusammenhang von Textgestaltung und Textwirkung. Mit einem Vorwort von Winfried Schulz. Freiburg: Alber.
Die über vier Jahrzehnte alte kommunikationswissenschaftliche Dissertation gilt immer noch als zuverlässiges Referenzwerk der Verständlichkeitsforschung. Mit erheblichem Forschungsaufwand (aber in nicht unbedingt leicht verständlicher Sprache) weist Früh empirisch als Erster nach, dass es nicht nur eine »Komplexitätsschwelle« gibt, die man im Interesse von Leserinnen und Lesern nicht überschreiten sollte, sondern auch eine »Banalitätsschwelle«. Bahnbrechend auch die Erkenntnis, dass nicht nur der formale Schwierigkeitsgrad (Satzverschachtelung, Satzmonotonie, Vertrautheit

des Vokabulars u. Ä.) entscheidend dafür ist, was verstanden wird, sondern ebenso die ästhetische Anmutung eines Textes.

Früh, Werner/Frey, Felix (2014). Narration und Storytelling. Theorie und empirische Befunde. Mit einem Beitrag von Jette Blümler. Köln: Herbert von Halem Verlag.
In mehreren Beiträgen setzen sich die Autoren kommunikationswissenschaftlich fundiert mit dem allerorten angepriesenen Phänomen »Storytelling« auseinander. Anders als die dazu zahlreich vorliegenden Handbücher präsentieren sie neben theoretischen Erwägungen auch Inhaltsanalysen und Forschungsergebnisse zu Wirkungen des Narrativen.

Janich, Nina (Hrsg.) (2012). Handbuch Werbekommunikation. Sprachwissenschaftliche und interdisziplinäre Zugänge. Tübingen: Francke.
In 32 Einzelbeiträgen geht es vor allem um die methodische Erfassung von Kategorien der Werbekommunikation. Für unser Thema wichtig ist vor allem der erste Teil des Buches, in dem es um die sprachlichen Ebenen geht.

Kurz, Josef/Müller, Daniel/Pötschke, Joachim/Pöttker, Horst/Gehr, Martin (2010). Stilistik für Journalisten (2. Aufl.). Wiesbaden: VS Verlag.
Der Band wendet sich in deskriptiver Fülle und mit zahllosen Empfehlungen an Medienpraktiker. Gegenstände sind Wort und Satzgestaltung, Redewiedergabe, Genres und Überschrift, Sprachpflege sowie ethische und politische Aspekte von Sprache im Journalismus. Hervorgehoben ist ihre Funktion, Öffentlichkeit herzustellen.

Langer, Inghard/Schulz von Thun, Friedemann/Tausch, Reinhard (2019). Sich verständlich ausdrücken (11. Aufl.). München: Ernst Reinhardt Verlag.
Das weitverbreitete Buch leitet Schreiberinnen und Schreiber an, selbst zu kontrollieren, ob ihre Texte leicht zugänglich formuliert sind. Im Mittelpunkt stehen dabei die vier empirisch gewonnenen Verständlichkeitsdimensionen Einfachheit, Gliederung/Ordnung, Kürze/Prägnanz und zusätzliche Stimulanz.

Marx, Konstanze/Schwarz-Friesel, Monika (Hrsg.) (2013). Sprache und Kommunikation im technischen Zeitalter. Wieviel Internet (v)erträgt unsere Gesellschaft? Berlin: de Gruyter.
Vor allem der in diesem Sammelband enthaltene Aufsatz von Monika Schwarz-Friesel über Antisemitismus im World Wide Web lohnt im Zeitalter von »Wutbürgern« und Rechtspopulismus die Lektüre.

Schlobinski, Peter/Siever, Peter (Hrsg.) (2018). Sprachliche Kommunikation in der digitalen Welt. Eine repräsentative Umfrage, durchgeführt von forsa. http://www.medienspra che.net/networx/networx-80.pdf.
Die Studie der hannoverschen Linguisten präsentiert Ergebnisse einer Befragung von rund 2000 Internetnutzern zu ihrem Kommunikationsverhalten. Es geht unter anderem um die Nutzung von Messengerdiensten, Telefon oder Twitter, um die Nutzung von Emoticons und Emojis, die Beachtung von Sprach- und Schreibnormen, die Haltung zu Anglizismen und den Einfluss der digitalen Kommunikation auf die deutsche Schriftsprache.

Schmitz, Ulrich (2004). Sprache in modernen Medien. Eine Einführung in Tatsachen und Theorien, Themen und Thesen. Berlin: Erich Schmidt.
Der Germanist Schmitz erläutert anhand der umfangreichen Forschungsliteratur Zustände und Prozesse der Sprache in alten und neuen Medien. Dabei nimmt er die Medien gegen eine pauschalisierende Sprachkritik in Schutz. Der stark raffende Überblick enthält kleine Übungen für die Leserschaft.

Zimmer, Dieter E. (1988). Redens Arten. Über Trends und Tollheiten im neudeutschen Sprachgebrauch. Zürich: Haffmans.
Der langjährige Redakteur und Feuilletonchef der Wochenzeitung *Die Zeit* benennt und kritisiert in einer Reihe gut zu lesender wissenschaftsjournalistischer Essays verschiedene Erscheinungsformen der Sprache der Gegenwart. Dazu gehören Aufsätze über Sprache im Kulturbetrieb und in der Politik, über Sprache und Sexismus, Psychodeutsch, Anredekonventionen und Euphemismen. Der einleitende Beitrag über »Trends und Triften« fasst sehr anschaulich und mit vielen Beispielen zentrale Entwicklungen zusammen.

Glossar

Akronym: Die Anfangsbuchstaben mehrerer Wörter bilden ein neues Kurzwort (z. B. by the way ↣ »BTW«)

Alliteration: Mehrere Wörter in Folge haben den gleichen Anlaut (z. B. »softer Soul-Song«; »Fridays for future«)

Anapher: Mehrere Sätze oder Satzteile beginnen mit denselben Wörtern oder Wortgruppen (z. B. »Er war kein Held. Er war sogar ein ziemlicher Waschlappen«)

Avisen: frühe Nachrichtenblätter (seit dem 17. Jahrhundert)

Diachron: über Zeiträume hinweg, entwicklungsgeschichtlich (Sprachwissenschaft) (↔ **synchron:** in einem bestimmten Zeitraum)

Diminutiv(um): Verkleinerungsform (z. B. »Wäldchen«)

Ellipse: Schrumpfform eines Satzes, als ↣ rhetorische Figur häufig in Überschriften eingesetzt (z. B. »Verhandlungen in Genf unterbrochen«)

Emojis: Meist im Internet benutzte bunte Piktogramme, die für Gefühle, Lebewesen oder Dinge stehen

Emoticon: Folge von Zeichencodes, die Stimmungen oder Gefühle ausdrücken soll (z. B. :-O = »ich bin erstaunt«)

Euphemismus: beschönigendes Wort (z. B. »einkommensschwach« statt »arm«)

Flexion: Beugung von Wörtern durch Deklination oder Konjugation (z. B. »Raum*es*«, »komm*st*«)

Hate Speech: hasserfüllte Äußerungen, Beschimpfungen und Beleidigungen von Personen oder Gruppen, vorrangig in sozialen Netzwerken

Hermeneutisch: einen Text interpretierend, erklärend

Hyberbel, hyperbolisch: Ausdrucksform der Übertreibung (➔ rhetorische Figuren)

Ikonografie: Beschreibung/Erklärung von Bildinhalten

Indirekte Rede: Redewiedergabe, in der nicht wörtlich und direkt zitiert wird. Steht in der Regel im Konjunktiv

Inflektiv: Unflektierte (➔ **Flexion**) Verbform ohne Infinitiv-Endung (z. B. »schluchz«)

Intertextuell: drückt den Bezug aus, in dem ein Text zu einem anderen steht

Inversion: Umstellung von Satzteilen (z. B. »*Den Hauptangeklagten* verurteilte *das Gericht* zu einer Haftstrafe« statt »*Das Gericht* verurteilte *den Hauptangeklagten* zu einer Haftstrafe«) (↠ rhetorische Figuren)

Ironie: »verstellte« Redeweise. Man sagt zum Beispiel, spöttisch oder tadelnd, das Gegenteil von dem, was man meint (z. B. »Na toll, du bist ja auch schon da«) (↠ rhetorische Figuren)

Kognitiv: das Denken und Erkennen betreffend, verstandesmäßig

Kompositum: Wortzusammensetzung aus mehreren bedeutungstragenden Einheiten, meist aus Nomen (z. B. »Schlagerstar«, »Kostendämpfungspauschale«) (↠ Univerbierung)

Lexik: Wortschatz

Metapher: sprachliches Bild, Wortbedeutung im »uneigentlichen« Sinn (z. B. »das Gold ihrer Haare«, »quietschbunt«) (↠ rhetorische Figuren)

Nachrichtenfaktoren: Merkmale von Ereignissen und Themen, die dazu beitragen, dass Journalisten diese aufgreifen und zu Nachrichten verarbeiten, z. B. die Nähe eines Ereignisses, seine Relevanz, seine Kuriosität oder die Prominenz der beteiligten Akteure

Natürliche Sprache: historisch gewachsene Sprache (↞↠ **künstliche Sprache**)

Neologismus: sprachliche Neuschöpfung

Netspeak: Eine von zahlreichen Bezeichnungen für den Jargon etwa in Newsgroups oder Chats

Nominalisierung: Nomen, das aus einem Verb oder einem Adjektiv gebildet wird und so einen konkreten Vorgang oder Zustand in einem Abstraktum erstarren lässt (z. B. erweitern ↣ »Erweiterung«)

Nominalstil: Verkettung mehrerer ↣ Nominalisierungen im Satz

Orthographie: Rechtschreibung, genormte Schreibweise

Persuasion: Überredung, Überredungskunst

Prosodie: Art des Sprechens, wie sie sich zum Beispiel in Intonation, Pausen oder Sprechtempo äußert.

Rebus: Bilderrätsel

Rhetorische Figuren: Sprachliche Ausdrucksformen, die als »Gestaltetes« (lat. *figura*) vom üblichen Sprachgebrauch abweichen (z. B. ↣ Hyperbel, ↣ Inversion, ↣ Ironie, ↣ Metapher, ↣ Anapher, Synästhesie, Tautologie)

Satzgefüge: Kombination zweier oder mehrerer Teilsätze (z. B. Haupt- und Nebensatz) (↔ **Satzreihe:** Kombination zweier oder mehrerer Hauptsätze)

Satzgliedketten: Aneinanderreihung von Attributen und Umstandsbestimmungen im Satz

Satzklammer: Für das Deutsche typische syntaktische Form, bei der ein Satz zum Beispiel von einem Grundverb und dem davon abgelösten Verbzusatz eingeklammert wird (»*Legen* Sie Ihren Mantel bitte dort *ab*«)

Satzverschachtelung (Satzperiode): Mehrere Nebensätze werden in hierarchischer Ordnung in einen Satz eingeschoben

Sentenz: Sinnspruch (z. B. »Wer zu spät kommt, den bestraft das Leben«)

Standardsprache: Übergreifende ↠ Varietät als Verkehrssprache der Gesellschaft

Storytelling: Oberbegriff für narrativ (erzählerisch) ausgerichtete Kommunikationsformen und -stile

Syntax: Lehre vom Satzbau und von den Beziehungen zwischen den Zeichen eines Satzes

Synthese: Zusammenfügung (↠ Univerbierung)

Teaser: Kurzer Text (»Anreißer«), der in (Online-)Journalismus oder Werbung auf eine ausführlichere Botschaft/Mitteilung neugierig machen soll

Text-Bild-Schere: Text und Bild klaffen auseinander, wenn etwa im Fernsehen zu einer aktuellen Nachricht Bilder aus einem anderen oder nur ähnlichen Ereigniszusammenhang gezeigt werden.

Univerbierung: Wortgruppen werden zu ↠ Komposita zusammengezogen

Varietäten: In der Sprachwissenschaft Subsysteme einer Sprache, die sich aufgrund sozialer, situativer oder räumlicher Bedingungen voneinander abheben (z. B. Dialekt oder Gruppensprache)

Verständlichkeit: Beschaffenheit einer sprachlichen Information, die ↠ Verstehen ermöglichen soll

Verstehen: Vorgang der Aufnahme und Verarbeitung von Information durch ihren Adressaten

W-Fragen: Die Kernfragen der journalistischen Nachricht – »Wer, Was, Wann, Wo, Wie, Warum«. Auf ihrer Beantwortung beruht das faktische Gerüst einer Information. Auch die Frage »Welche Quelle« sollte dazugehören, weil der Wahrheitsgehalt einer Nachricht nur so zu überprüfen ist

Wortfeld: Gesamtheit von Wörtern, die in ihrer Bedeutung einander ähneln und deshalb als zusammengehörig betrachtet werden können

The manufacturer's authorised representative in the EU is Springer Nature Customer Service Centre GmbH, Europaplatz 3, 69115 Heidelberg, Germany. If you have any concerns regarding our products, please contact ProductSafety@springernature.com

Printed and bound by CPI Group (UK) Ltd, Croydon, CR0 4YY

23/03/2026

02076462-0001